シリーズ・日本語のしくみを探る 1

日本語文法のしくみ

町田健 編
井上優 著

研究社

編者のことば

日本語および日本語教育に対する関心の高まりとともに、日本語のしくみそのものを深く追求しようという試みも、これまでにも増してさかんに行われるようになりました。従来の日本語研究は、どちらかと言えば日本語の歴史に重点が置かれる傾向にありましたし、現代日本語についても、英語をはじめとする欧米の諸言語をもとにして開発された考え方を、そのまま日本語に当てはめようとする姿勢が強かったことは否めません。

しかし最近では、言語学や情報科学の進展に伴って、人間が使っていることばとは一体どんな性質をもつものであって、そのような性質が日本語という個別の言語にどんな形で現れているのかという、一般的な視点からの分析が行われるようになりつつあります。このような見方は、日本語の特殊性をいたずらに強調したり、逆に欧米の言語だけからことばの一般性を引き出してそれを日本語に対して無批判に適用したりするという、人間のことばの本質を無視した方法を鋭く批判するものでもあります。そしてそのことによって、人間のことばとしての日本語の正体がより鮮明に浮かび上がってくることが期待されるのです。

本シリーズは、人間のことばの一員としての日本語という視点から、これまで行われてきた諸研究とはひと味違った、しかしより高度で普遍的な立場から日本語のしくみを考えた結果を紹介するものです。日本語がもっていることばとしての普遍性と個別性の両方を知ることによって、これからの日本語研究と日本語教育に対して新たな視座が提供されるものと信じます。

はしがき

このところ、日本語文法に関するすぐれた入門書や概論書が数多く出版されています。それらはいずれもたいへんよくできていて、日本語文法研究のある意味での成熟ぶりを物語っています。

しかし、このことは同時に本書を執筆する上で悩みともなりました。ちょっとやそっとの工夫では類書との差別化をはかることができないと思ったからです。次々と出版される入門書や概論書を見るたびに、「自分には何ができるのだ」という複雑な気分になったものです。「自分の書けることを書くしかない」とわりきるまでにはずいぶん時間がかかりました。

通常、日本語文法に関する入門書や概論書は、「文の構造」「格」「ヴォイス」「テンス・アスペクト」「コソアド」といった項目ごとに基本概念を解説するという形で書かれます。しかし、本書ではそのような形はとりませんでした。むしろ、トピックを少数にしぼり、その分「『ことばを分析的に見る』とは(例えば)どういうことか」ということをくわしく説明することに力を注ぎました。その意味で、本書は「日本語の文法そのもの」に関する解説というよりは、「文法研究者が描き出す『日本語の文法』とは(例えば)このようにしてできる」ということを紹介したという性格の強いものになっています。

もちろん、一口で文法研究といってもさまざまな流派があります。本書に書いてあることも、先行研究の成果もふまえてはいますが、基本的には「私はこう考える」という域を出るものではありません。その意味で、本書は決して標準的な入門書といえるものではありません。読者のみなさんには、本書とあわせて他の入門書や概論書をあわせて読まれることをおすすめします(巻末の「さらに勉強したい人のための参考文献」をごらんください)。「ことばを分析的に見る」センスというものは、言語について書かれたさまざまな文章を読み、実際に自分なりに分析をおこない、それを材料にして人と議論することによって身につくものです。本書が一般の入門書や概論書とは一味違う形で「ことばを分析的に見る」センスを養うことに役立てば、これにまさる喜びはありません。

「ことばを分析的に見る」センスを身につけることは、決して言語学者にだけ必要なことではありません。世の中にはことばに関するさまざまな議論がありますが、その中には単なる感情論や偏見にもとづくものも少なくありません。社会全体が「ことば」と上手につきあうためには、何よりもまず一人一人が「ことばを分析的に見る」センスを養うことが必要です。しかし、現状ではそのようなセンスを養う訓練は学校教育ではほとんどおこなわれていません。「文法」は本来そのようなセンスを養うための科目のはずですが、実際は単なる暗記科目としか思われていません。教科書や辞書に書いてある「文法」を、「こういうふうに考えると、ああいう『文法』になるのか」という形で理解できれば、「文法」に対する見方も少しは違ってくるのではないか。そのように考えて、本書では学校文法の基本概念についても少し解説を加えました。本に書いてある「文法」が決して天から降ってきたものではなく、人間が知恵をしぼってつくったものであること、そして、その知恵を理解することが文法教育において重要であることをぜひ御理解いただきたいと思います。

なお、本書には、私がこれまで書いた次の文章(の一部)に加筆・修正を加えたり、再構成したりしたものが含まれています。

井上　優（一九九八）「方言の終助詞の意味――富山県砺波方言を例に――」（『月刊言語』二七巻七号、大修館書店）（Q12）

――（二〇〇〇）「ことばのしくみを考える」（国立国語研究所編『新「ことば」シリーズ11：豊かな言語生活のために』、大蔵省印刷局）（Q1〜Q3）

――（二〇〇一a）「ことばにパターンを見る――文法の研究――」（国立国語研究所編『新「ことば」シリーズ13：ことばを調べる考える』、財務省印刷局）（Q4）

――（二〇〇一b）「日本語研究と対照研究」（日本語文法学会編『日本語文法』一巻一号、くろしお出版）（Q14）

――（二〇〇一c）「現代日本語の「タ」――主文末の「…タ」の意味について――」（『「た」の言語学』、ひつじ書房）（Q10）

――・横山詔一（二〇〇一）「ことばと実験」（国立国語研究所編『新「ことば」シリーズ13：ことばを調べる考える』、財務省印刷局）（Q5）

最後になりましたが、本書を執筆する機会を与えてくださった名古屋大学の町田健さんと研究社出版部の佐藤陽二さんに心より御礼申し上げます。また、いろいろな局面で筆者を励ましてくださる先生方、先輩方、友人各位、そして日ごろ筆者を支えてくれている家族にも感謝の意を表したいと思います。

二〇〇二年二月　井上　優

目次

CONTENTS

第一章

「文法の研究」って何？

Q1 「文法の研究」ってどんなことをやるんですか？

「文法の研究」とは、言語事実にもとづき、言語のしくみについて考えること

世界にはたくさんの言語があります。そして、どの言語もそれぞれ一定のしくみを持っています。それぞれの言語が持つしくみの総体、それがその言語の「文法」です。

「文法の研究」とは、言語に関するさまざまな事実★にもとづき、ある言語のしくみ、あるいは人間★の言語が一般的に持つしくみを考えることです。ちょうど、生物学者が観察や実験によって得られた各種データにもとづき生物のしくみについて考えるのと同じように、文法研究者は各種の言語事実をデータとして言語のしくみについて考えるわけです。

もっとも、生物のしくみについて考えるのに比べ、言語のしくみについて考えるというのは、すぐにはピンとこないかもしれません。実際、生物の教科書に書いてあることは、生物のしくみについて調べたり考えたりした結果と思われているでしょうが、国語辞典に書いてあることや、国語★の教科書にのっている「文法」は、日本語のしくみについて考えた結果とはあまり思われていないと思います。むしろ、日常生活では「こんなときはどう言う（書く）のが正しいのか」と迷って辞書などを調べることが多いこともあり、「文法の研究」イコール「正しい日本語について考えること」と思っている人が少なくないようです。そこで、以下では「文法について考えるとはどういうことか」につ

★「言語事実」といいます。
★「自然言語」といいます。
★「学校文法」といいます。

いて少し考えたいと思います。

「知っている」のに説明できない？

私たち★は、子供のときに自然に身につけた「日本語のしくみ」、すなわち「日本語の文法」を無意識に活用して、さまざまな日本語の文をつくり、また、人が発した文の内容を理解しています。

例えば、動詞「着る」「切る」の否定形は何かと聞かれれば、即座に「着ない」「切らない」と答えることができます。また、人が「かえらない」と言うのを聞けば、これが「帰る」（あるいは「返る、孵る」）の否定形であって「変える」（あるいは「換える、替える、代える」）の否定形★ではないこともすぐにわかります。私たちはどうやって動詞の否定形をつくるかを知っているのです。

また、次の例を見てください。

1 a　太郎はアメリカに留学している。／アメリカに太郎は留学している。
　b　*★留学しているにアメリカ太郎は。／*は太郎している留学にアメリカ。
2 a　*中国が広いので方言の数も多い。
　b　中国は広いので方言の数も多い。

私たちは、1aが日本語の文として自然な表現であること、そして1bが日本語の文

★本書の読者の多くは日本語を母語とする方であろうということで、本書では「日本語を母語とする人」を便宜上「私たち」と呼びます。これはあくまで便宜上のことで、日本語以外の言語を母語とする方を読者として想定していないわけではありません。

★「変える、換える、替える、代える」の否定形は「かえない」ですね。

★「*」はその表現が不自然な表現であることを表します。「×」の方が視覚的にはわかりやすいのでしょうが、習慣として「*」を用いることになっています。

になっていないことが即座に判断できます。また、2aで「が」を使うのは不自然であり、2bのように「は」に直さないと意味が通じないことも容易に判断できます。私たちは、日本語の文のつくり方や「は」「が」の使い分け方を知っているのです。

もう一つ例をあげましょう。

3a　父が子供に自分の服を着せた。（自分＝父）
　b　父が子供に自分の服を着させた。（自分＝父／子供）

右の例で「自分」が「父」「子供」のどちらを指すかを考えてみてください。まず、「着せる」を用いた3aでは、「自分」は「父」しか指せません。一方、「着させた」を用いた3bでは、「自分」は「父」を指すとも「子供」を指すともとれます。日本語には「自分」が何を指すかを決めるしくみがあり、私たちはそのしくみを知っているわけです。

日本語を自由に操れるということは、要するに「日本語の文法を知っている」ということです。しかし、それはあくまで無自覚的な知識です★。実際、私たちは「動詞の否定形はこうやってつくる」、「日本語の文はこうやってつくる」、「『は』と『が』はこうやって使い分ける」、「『自分』はこれこれの場合はこれこれの要素を指す」といったことを意識しながら日本語の文を発しているわけではありません。

動詞の否定形のつくり方を知るには、いろいろな動詞について否定形をつくり、どの

★これは、体を動かせることと、身体運動のメカニズムについて知っていることは別の問題だというのとよく似ています。

ような規則性があるかを考えなければなりません。また、日本語の文のつくり方を知るには、いろいろな文を観察して、背後にある一般的なパターンを見出さなければなりません。「は」「が」や「自分」についても、その使われ方を注意深く観察し、その背後に何か一般原則のようなものがあるかどうかを考える必要があります。私たちの頭の中にある「日本語の文法」の具体的な内容は「考えなければわからない」ものなのです。

「日本語の文法」の研究とは、各種の言語事実にもとづいて、私たちの頭の中にある「日本語の文法」がどのようなものであるかを考える★ことです。そして、私たちの頭の中にある「日本語の文法」について考えた結果――日本語の文法に関する一つの解釈――を記述したもの、それが、私たちが文法書などで目にする「日本語の文法」です。

「文法」という語は、①私たちの頭の中にある「文法」そのもの、という意味で用いられる場合と、②私たちの頭の中にある「文法」に関する解釈を記述したもの、という意味で用いられる場合とがあります。本書を含め、「文法」について書かれた文章を読む場合は、「文法」という語がどちらの意味で用いられているかを考えながら読むことが大切です。

「言語事実」とは何か

ここまで何度か「言語事実」という語が出てきました。言語事実というと「現実に発された発話や文」というイメージが強いかもしれませんが、文法研究者が「言語事実」

★「考える」といっても、言語事実の観察なしに文法についてあれこれ空想するだけでは、文法の研究とはいえません。また、文法について書いた文章を数多く読み、文法に関する豊富な知識を身につけるというのも、それ自体は文法の研究ではありません。

という場合は、より広く「文法について考える材料となる現象」全体を指します。
例えば、動詞「切る」「着る」が次のように変化するというのは一つの言語事実です。

4　切る　切らない　切ります　切れ　切ろう　切った　…
　着る　着ない　着ます　着ろ　着よう　着た　…

また、「太郎はアメリカに留学している」は自然な日本語だが、「*は太郎している留学にアメリカ」はまったく日本語になっていないとか、「中国は広いので方言の数も多い」は自然だが、「*中国が広いので方言の数も多い」は不自然であるといったことも言語事実です。現実に発される発話や文だけでなく、「こういう言い方は不自然である」ということもまた言語事実なのです。

ちょっと注意して観察しないとわからない言語事実もあります。例えば、次のレシピの文章では「は」は最初の方にしか出てきませんが、これも一つの言語事実です。

5　【アマダイと野菜の煮つけ】
①アマダイは皮目に浅い切れ目を入れる。
②小松菜はゆでて３cmに切る。しいたけは軸をのぞく。山芋は皮をむいて1.5cm厚さに切る。
③なべにだしと調味料を合わせて煮立て、アマダイとしいたけ、山芋を入れ

て煮る。煮汁がなくなるまで煮、最後に小松菜を加えてさっと煮る。
(『痛風の人の食事』、女子栄養大学出版部)

6 【美花焼売】
① エビは5㎜角に切り、豚の背脂はみじん切りにします。カニ肉はほぐしておきます。レモンの皮は薄くそいで細切りにします。
② ボールにエビ、豚の背脂、調味料全部を入れてよく混ぜ合わせ、カニ肉を加えます。
③ 皮の中央にあんをのせ、向かい合うふたつの角を内側の横にそれぞれ折って舟形に包み、上にレモンの皮をあしらいます。
④ 蒸し器の底に油少々をぬって①を並べ、7~8分間蒸します。
(『餃子・焼売・春巻』、新潮文庫)

一つの事例を見るだけではわからない言語事実もあります。例えば、ある程度の数のレシピについて「は」と「を」の使い分けを観察すると、両者の使い分けに関して一定の傾向があることがわかりますが★、これも一つの言語事実です。

「実験」によってわかる言語事実もあります。

7a 三人の学生が来た。→学生が三人来た。
b 三人の学生を招いた。→学生を三人招いた。

★くわしくはQ4で述べます。

c　三人の学生に本を貸した。→ *学生に三人本を貸した。
d　三人の学生とビールを飲んだ。→ *学生と三人ビールを飲んだ。
e　三人の学生から話を聞いた。→ *学生から三人話を聞いた。

7は、「三人の学生」から数量詞「三人」を切り離して別のところに移動させるという実験です。結果を見ると、「学生」の後の格助詞が「が」「を」の場合は数量詞が移動できますが、「が」「を」以外の格助詞の場合は不自然になります。文をあれこれいじくってみることで、ふだん気づかないような言語事実が発見できるわけです★。

日本語学習者の（いわゆる）誤用によって気づかされる言語事実も少なくありません。

8　「彼が今どこにいるか知っていますか？」
「*いいえ、知っていません。」（言うとすれば「知りません」）

9　*このピアノは大きすぎて、部屋に入れない。（言うとすれば「入《はい》らない」、または「入《い》れられない」）

「知る」という動詞の肯定形は、文末では通常「知っている」となります。しかし、否定の場合は「知っていない」ではなく「知らない」になります。また、日本語の場合、「～することができる」という意味をあらわす形（可能形）がつくれるのは、動詞が意志的な動作を表す場合だけで、「（ピアノが部屋に）入《はい》る」のように、動詞が他からの働きかけによる変化を表す場合は可能形をつくることができません★（そのかわり、「入《はい》らない」

★くわしくはＱ５で述べます。

★「太郎は体が大きすぎて茶室に（入ろうと思っても）入《はい》れない」のように、「入《はい》る」が意志的な動作を表す場合は、可能形「入《はい》れる」がつくれます。

でも可能のニュアンスが生じます）。このような言語事実は、「国語」の授業ではまったく問題にされませんが、日本語教育においてはたいへん重要な情報です。

他の言語と比較してはじめて見えてくる言語事実もあります。例えば、中国語では「等着」（待っている：「着」は継続形式）とは言えても、「*死着」（直訳は「死んでいる」）とは言えません。これは、「待つことを持続する」ことは考えられても、「死★ぬことを持続する」ことは考えにくいからです。しかし、日本語では「死んでいる」という継続表現が「死んだ後の状態」を表す表現としてごく自然に成立します。これは日本語の「ている」の性質について考える上で重要な言語事実です。

このように、一口に言語事実といってもさまざまなタイプがあります。また、その多くは注意深く観察しないと気づかないことがらです。今まで気づかれていない言語事実を発見し、すでに知られている言語事実とあわせて、その背景にあるしくみについて考える、それが「文法の研究」なのです。

Q2 「文法について考える」上で大切なことは何ですか？

一口に文法研究といってもいろいろな流派があります。しかし、いかなる流派であれ、文法研究においては、まず次の三つのことを念頭におく必要があります。その三つのこととは、①「事実」と「解釈」とを区別すること、②先入観にとらわれずに事実

★実際、「三時間待った」は自然ですが、「*三時間死んだ」は不自然です。

に即して考えること、そして、③一歩ふみこんで考えること、です。

「事実」と「解釈」を区別する

Q1でも述べたように、日本語であれ外国語であれ、私たちが日常生活において辞書や文法書を見るのは、「こんなときはどう言う（書く）のが正しいのだろうか」と迷ったときであるのが普通です。そのため、どうしても辞書や文法書に書いてあることは「事実」であると錯覚しがちです。

しかし、辞書や文法書というものは、言語に関する分析があってはじめてできるものです。当然、辞書や文法書に書いてあることも、否定しようのない「事実」について述べた部分以外はすべて、「こうであると考えられる」という「解釈」でしかありません。

一つ例をあげましょう。

1　書く（基本形）、書かない（否定形）、書きます（丁寧形）、書け（命令形）、書こう（意向形）、書いた（過去形）…

1は「書く」の変化形の一部です。「書く」がこのように変化すること——例えば、「書く」の否定形が「書かない」となること——は、一つの「事実」です。実際にそのような現象が日本語に見られるわけで、これを否定することはできません。

一方、「書く」のそれぞれの変化形がどのようにできているか——例えば、否定形

「書かない」はどのような構造を持っているか——は、見ただけではわかりません。これは、考えなければわからない問題です。辞書や国語の教科書には「動詞の未然形に助動詞『ない』をつけて否定形をつくる」という説明がありますが、これはあくまで動詞の否定形のつくり方に関する一つの「解釈」にすぎません。実際、「書く」の否定形のつくり方については、少なくとも次の二つの解釈が可能です。ポイントがはっきりするように、基本形、丁寧形といっしょに示します。

2

	解釈1	解釈2
基本形	かく（終止形）	**kak**（語幹）-u
否定形	かか（未然形）-ない	**kak**（語幹）-anai
丁寧形	かき（連用形）-ます	**kak**（語幹）-imasu

解釈1は、「かく」が「かか」に変化し、それに否定を表す「ない」がついて否定形ができるという説明です。辞書や国語の教科書ではこの説明がとられています。一方、解釈2は、全体を通して変化しない部分（「語幹」といいます）であるkak-に否定を表す-anaiがついて否定形ができるという説明です。はじめて見る人には多少違和感があるかもしれませんが、日本語教育などではこのような説明がよくおこなわれます。

辞書や教科書に限らず、本に書いてある文法の説明は、「事実」の説明ではなく、可能な「解釈」の一つを記述したものにすぎません。「事実」と「解釈」をしっかり区別すること——これが文法について考える上でまず大切なことがらです。

先入観にとらわれずに、事実に即して考える

次に大切なことは「先入観にとらわれずに、事実に即して考える」ということです。これは、ものごとを科学的に考える際のいわば常識であり、あらためて言うまでもないことのように思われるかもしれません。しかし、私たちは無意識のうちに、言語や文法に対していろんな先入観を持っているものです。以下では、文法について考える上で妨げとなる先入観を三つあげることにします。

（1）「文法＝ことばの規範」という先入観

「文法」とは「ことばの規則（ルール）」であるといわれることがあります。文法研究者も「文法規則」という言い方をよくします。ただ、文法研究者のいう「規則」「ルール」とは、あくまで「法則」「パターン」の意味です。「こういう法則（パターン）がある」ということを、「規則」とか「ルール」とか言うわけです。

しかし、日常生活では、「規則」「ルール」という語は「こうすべきであるということがら」という意味で用いられるのが普通です。そのため、文法に関しても「ことば★の規範」というイメージで見られることが少なくないようです。

★実際、自己紹介などで「文法の研究をやっている」と言うと、「井上さんと話すときは、ことばに気をつけないといけませんねえ」と言われることがあります。

例えば、標準語では「来る」の否定形は「こない」です。しかし、地域によっては「きない」となることがあります。このような言い方をする地域では、この「きない」が「日本語の文法規則に合わない、誤った言い方」と意識されていることもあるようです。

しかし、これは、その地域のことばでは、「する」が「する、しない、します…」と変化するのと同じように、「来る」が「くる、きない、きます…」と変化するというだけのことです。標準語と違うというだけで、誤りというわけではありません。むしろ、標準語で「来る」が「くる、こない、きます…」のように変化するのに比べ、より体系的であるといえます。しかし、「『きない』は誤った言い方」という先入観があると、このような体系性は見えなくなってしまいます。「誤った言い方」というレッテルを貼ると同時に、その地域のことばの文法について考えることをやめてしまうわけです。これはもったいないことです。

（2）「日本語はこういう言語だ」という先入観

日本語の文法について考えるには、私たちがふだん何気なく使っている「日本語」を意識的に見ることが必要です。しかし、そのことがかえって日本語に対する思いこみを生み、結果的に「日本語の文法について考える」ことから遠ざかってしまうことがあります。

例えば、日本語や日本文化について論ずる場合、しばしば「日本語は、はっきりと言い切らない、ぼかした言い方を好む言語だ」ということが言われます。その例としてよくあげられるのが、明確な数の指定ができるところで、概数表現「ほど」を使うという現象です。

3 a （鮮魚店で店の人に「今日はアジの開きが安いよ」と言われて）
そうねえ、それじゃ、三枚ほどもらおうかしら。

b （講演で）
今日は、文法について考える際に大切なことを三つほど述べたいと思います。

英語では、このようなときに概数を表す about を使うことはありません。そのこともあって、日本語でははっきりと言い切らない柔らかい言い方が好まれるという主張がなされることになります。

しかし、もし単に「日本語がぼかした言い方を好む」ということであれば、柔らかい言い方をしたいときにはいつでも「ほど」が使えそうなものですが、実際はそうではありません。「ほど」が使えるのは、あくまで、「どの程度の数にするのが適当か」を考える余地がある場合だけです。二人で喫茶店に入って人数分のコーヒーを注文するときのように、「どの程度の数にするのが適当か」を考える余地がない場合は、「?コーヒーを二つほどください」のような言い方はそもそも不自然です。3における「ほど」も、単に言い方を柔らかくするというよりは、「このあたりが適当な線だと思われる」という話し手の気持ちを暗示するために用いられていると考えられます。

アジの開きを買うときは「どの程度の数にするのが適当か」を考える余地があるが、コーヒーを注文するときはそうではないというのは、考えてみれば当然のことです。しかし、「日本語でははっきりとした言い方が好まれず、ぼかした柔らかい言い方が好まれる」という先入観があると、「どのような場合に『ほど』が使用可能か」という基本的な観察さえもおろそかになってしまいます。

もちろん、いろいろな観察を積み上げた結果、「日本語でははっきりとした言い方が好まれず、ぼかした柔らかい言い方が好まれる」という結論に達するということはありえます。しかし、結論に至るまでの過程においては、先入観にとらわれずに、いろいろな角度から事実を観察する必要があるのです。

（3）「文法用語」も先入観のもと

文法について勉強するといろいろな専門用語（文法用語）が出てきます。文法用語は文法の記述をおこなう上で便利なものですが、その一方で、文法用語が言語に対する見方の幅を狭めてしまうこともあります。

例えば、「…しろ」「…しなさい」の形は「命令形」と呼ばれます。しかし、「命令」というのは、あくまで「…しろ」「…しなさい」という形式の典型的な用法からそう命名されているだけで、命令形は決して「命令」だけを表すわけではありません。実際、次の例の傍線部は、形の上では命令形ですが、意味的には「命令」を表すとはいいにくいところがあります。

4　（学生時代に使った参考書を捨てるかどうかで迷っている）
これ、捨てようかなあ、どうしようかなあ。まあ、いいや、捨てちゃえ。

5　（朝になってあわてて学校に行く準備を始めた子供に母親が）
本当にもう、ちゃんと昨日のうちに準備しときなさいよ★。

6　あいつにこのことが知られてみろ、たいへんなことになるぞ。

まず、4の「捨てちゃえ」は、「命令」というよりは、「あとのことは知らない」という気持ちをともなった決意を表します。また、5も、話し手は「タイムマシンに乗って昨日に戻り、準備をしろ」と言っているわけではなく、むしろ「すべきことをしなかった」ことを非難していると考えるのが自然でしょう。6にいたっては、「知られてみろ」は仮定の表現として用いられています。「命令形＝命令を表す」という先入観があると、命令形が持つこのような用法の広がりは見えなくなってしまいます。

もう一つ例をあげましょう。私たちは、あったはずの物が見あたらないときによく、

7　あれ？　僕の時計、どこ行った？

という言い方をします。時計が自分でどこかに「行く」わけではないのに「行った」と

★こういうときの「よ」は、「もしもし、財布が落ちましたよ↗」の「よ」とは異なり、上昇しません。

いう言い方をするわけです。

このように言うと、「それって『擬人法』じゃないの？」とおっしゃる方もいらっしゃるでしょう。なるほど、7を見るかぎりは「擬人法」という説明で十分かもしれません。しかし、ことはそう単純ではありません。次の例を見てください。

8　甲：あれ？　僕の時計、どこ行った？
　　乙：あそこにあるよ。（？あそこに行ったよ。）

7の「行った」が単なる擬人法ならば、答える側も「行った」と言えそうなものです。しかし、答える側で「行った」を使うのはいささか不自然な感じがします。7で「行った」を用いる理由は「擬人法」というだけでは説明できないのです。

文法用語を知ることは大切なことです。しかし、それと「文法について考える」こととは別の問題です。文法について考える際には、文法用語に必ずしもとらわれることなく、いろいろな角度から事実を観察することが必要なのです。

一歩ふみこんで考える

最後に、「一歩ふみこんで考える」ということについて述べたいと思います。

文法の入門書や概説書にはいろいろなことが書いてあります。「なるほど」と思うことも少なくないと思います。しかし、「なるほど」と思うだけでは、やはり「文法について考える」ことはストップしてしまいます。文法について書かれた文章を読む際には、「ほかにも何か説明すべきことがらはないか」、「ほかの説明もできないか」といったことを考えながら読むことが大切です。

例えば、ものの授受を表す「やる（あげる）」「くれる」「もらう」の使い分けは、通常「与え手主語か、受け手主語か」、「与え手の側から見るか、受け手の側から見るか」という二つの観点から説明されます。

①「やる（あげる）」は、「与え手」を主語とし、かつ「与え手」の側からものの授受を見るときに用いられる。

a **私が** 娘に 小遣いをやった。

b ***お父さんが** 私に お小遣いをやった。

②「もらう」は、「受け手」を主語とし、かつ「受け手」の側からものの授受を見るときに用いられる。

a **私が** お父さんから お小遣いをもらった。

b ***娘が** 私から お小遣いをもらった。

③「くれる」は、「与え手」を主語とし、かつ「受け手」の側からものの授受を見るときに用いられる。

a お父さんが **私に** お小遣いをくれた。

b　*私が　**娘に**　小遣いをくれた。

右にあげた例文は、いずれも話し手自身がものの授受に関わっています。bの文が不自然になるのも、自分自身が関わっている授受をわざわざ自分以外の側から見て述べることになるからです。

しかし、右の説明で授受動詞に関するすべてのことがらが説明されたわけではありません。例えば、次に示す「くれる」の特殊性は、先の①〜③の説明だけではうまく説明できません。授受動詞についてはまだ説明すべきことがらが残っているのです。

9　[可能形の可否]

a　何かあげられるだろう。／何かもらえるだろう。

b　*何かくれられるだろう。

10　[組み合わせの可否]

a　花に水をやってもらう。／しかたない、もらってやるよ。

b　花に水をやってくれた。／何とかもらってくれた。

c　*くれてあげる。★／*くれてもらう。

また、次の例を見てください。

11　(聞き手が食べているものを指さして)

★「くれてやる」とは言いますが、この場合の「くれてやる」全体で「やる」ということを述べています。

それ、何？

12　「昨日、コーレーカさんに会ったよ」
　　「誰、その人？」

指示詞（コ・ソ・ア・ド）の用法は、①その場にあるものを指す「現場指示」の用法と、②先行文脈に出てきたものを指す「文脈指示」の用法があるといわれます。11の「ソ」は現場指示の用法、12の「ソ」は文脈指示の用法です。

では、次の例は現場指示でしょうか、それとも文脈指示でしょうか。

13　母：ちょっと背中をかいてくれる？
　　子：どこがかゆいの？　ここ？
　　母：そう、そこ。

概説書などでは、この種の「そこ」は現場指示とされることが多いようです。しかし、本当にそうでしょうか。もしかすると、「あなたが『ここ』と言った場所」、あるいは「あなたが今さわった場所」という意味で「そこ」と言っているのではないでしょうか。もしそうだとしたら、13の「そこ」は現場指示というよりはむしろ文脈指示ということになります。★実際に背中のある部分を指さした場合は「そこ」ではなく「ここ」が使われるということも、そのことの裏づけになるかもしれません。

★この問題については、金水敏（二〇〇〇）「指示詞——直示再考——」（中村明編『現代日本語必携』、學燈社）をごらんください。

14　母：ちょっと背中をかいてくれる？
子：どこがかゆいの？　ここ？
母：ちがう。そこじゃない。
（背中に腕を回してかゆい場所を指さす）ここよ、ここ。（*そこよ、そこ。）

日本語の文法に関しては、定説、あるいはそれに近い説がいくつかあります。また、入門書や概説書にはそのような説明が書いてあるのが普通です。しかし、定説というのはあくまで「今のところはこのように考えられている」ということであって、「これが正解だ」ということではありません。定説とは「結論」ではなく「さらに考えるための出発点」である、と思ってください。

まずは「いろいろな言語事実がある」「いろいろな考え方ができる」ことを楽しむ

最後にもう一つだけ、大切なことを述べたいと思います。それは、「いろいろな言語事実がある」こと、「文法についていろいろな考え方ができる」ことを楽しむということです。

「研究」というと「真理の探求」というイメージで考えるのが普通だと思います。また実際、文法の研究においては、「よりよい説明」を求めて激しい議論が戦わされることも少なくありません。

しかし、それはあくまで研究の一つの側面にすぎません。「真理の探求」のためには、何よりもまず「この世界にどんな現象があるか」を知らなければなりません。また、「よりよい説明」を追求するためには、当然「どういう説明が可能か」をさまざまな角度から考えなければなりません。研究は「いろいろな事実がある」、「いろいろな考え方ができる」ことを知ることから始まるのです。

文法について考える場合も同じです。文法について考えることの基礎は、何よりも「いろいろな言語事実がある」こと、そして「文法についていろいろな考え方ができる」ことを楽しむことにあります。それらを楽しむことなしに、最初から入学試験か何かのように「何が正解か」だけを問題にするのはナンセンスというものです。

文法について考えるときはもちろん、文法について書かれた文章を読むときにも、ぜひ「いろいろな言語事実がある」、「文法についていろいろな考え方ができる」という二つのことを念頭に置いていただきたいと思います。

Q3 「文法について考える」ことにどんな意義があるのですか?

文法研究の役立つところ

研究者が何かを研究するのは、つまるところは「おもしろいから」です。「おもしろいから」というと、いかにも気楽な感じがするかもしれませんが、実際は研究にはかなりのエネルギーが必要です。研究者はみな「おもしろい」ということをエネルギー源として研究をおこなっているのです。

もちろん、研究者が何をエネルギー源としているかということは、あくまで研究者の側の事情であり、研究者がやっていることには、単に「おもしろい」というだけではない社会的な意義があります。文法の研究もその例外ではありません。

例えば、文法研究は「言語教育」や「言語処理（機械翻訳）」のための基礎として重要です。言語（例えば日本語）を教える（学ぶ）ということは、直接的・間接的にその言語のしくみを教える（身につける）ということですから、当然、文法研究の成果がその基礎になります★。また、コンピュータで言語を処理するというのも、人間がやっていることを擬似的にコンピュータにやらせるということですから、文法研究で明らかにされた言語事実や文法研究者の分析が参考になることは言うまでもありません。

文法研究は「文学の分析」にも役立ちます。文学は言語を表現手段とする芸術、いいかえれば言語が持つ性質を活用した芸術です。作家や詩人というものは、意識的であれ無意識的であれ、日本語の表現が持つ特性を最大限に活用する工夫をおこなっています。日本語の表現が持つ特性を分析的にとらえようとする文法研究の成果は、作者の工夫を分析的にとらえ、作品がどのようにできているかを（「なんとなく」ではなく）具体的にとらえるのに役立つでしょう。

★「どう教えるのが効果的か」ということは、文法そのものとは一味異なる問題ですが、文法と無関係に考えられるものではありません。

「文法について考える」ことは基本的な教養の一つ

このように、文法研究にはいくつかの点で役に立つところがあります。しかし、右にあげたのはどれも「文法研究の応用」ということです。「応用」は重要なことですが、それればかり強調すると、どうしても、「文法について考える」ことは文法研究者にまかせておけばよい（自分たちは文法研究を応用した成果が享受できればよい）ということになってしまいます。

しかし、私は「文法について考える」ことは決して文法研究者だけがやればよいことではないと思っています。それどころか、「文法について考える」ことの最も基本的な部分は、文字の読み書きや数の計算と同じく、すべての人が身につけるべき素養の一つだと思っています。それは、ことばとうまくつきあう――ことばにいろいろな側面があることをきちんと理解し、バランスのとれた視点からことばについて考える――ためには、何よりもまず言語のしくみを客観的に見る目が必要だからです。

以下では、このことをいわゆる「ラ抜きことば」を例にして述べたいと思います。

「ラ抜きことば」のしくみ

「着ることができる、食べることができる」という可能の意味を表すのに、「着られる、食べられる」とは言わずに、「着れる、食べれる」のように「ら」のない言い方がなされることがあります。これを「ラ抜きことば」といいます。「ことばの乱れ」の典型としてしばしば話題にされるので、ご存じの方も多いでしょう。

ラ抜きことばに対する評価はさまざまです。まったく気にならないと言う人もいれば、非常に違和感を覚えると言う人もいます。また、「着れる」は気にならないが、「考えれる」や「信じれる」には違和感を覚えるという人もいるでしょう。地域によっては、「着れる、食べれる、考えれる、信じれる」という言い方が標準的な言い方として定着しているところもあります。

しかし、ここでは、ラ抜きことばに対する評価はいったん横に置いて、純粋に「言語のしくみ」という視点からラ抜きことばについて考えてみましょう。

まず、ラ抜き可能形が用いられるようになった背景には、実はきわめて合理的な理由があります。次の表を見てください★。

1

基本形	受身形	可能形
読む	読まれる	読める
書く	書かれる	書ける
着る	着られる	着られる（ラ付き） 着れる（ラ抜き）
食べる	食べられる	食べられる（ラ付き） 食べれる（ラ抜き）

★以下、「着られる、食べられる」のような言い方は「ラ付き可能形」、「着れる、食べれる」のようなラ抜きことばは「ラ抜き可能形」と呼ぶことにします。

表からわかるように、「読む、書く」では受身形と可能形が異なりますが、「着る、食べる」ではラ付き可能形が受身形と同じ形になっています。動詞によって受身形と可能形の形が同じだったり違ったりするのは不統一であるとして、「着る、食べる」に対しても(無意識に)受身形とは異なる形の可能形をつくり出した、それがラ抜き可能形です。新しい可能形において「ラ」が抜けることにも合理的な理由があります。「読む」「書く」の可能形は、末尾の -u を -eru に置き換えることによってつくられます。

2　読む　**yomu** →(u を eru に置き換え)→読める　yom**eru**
　書く　**kaku** →(u を eru に置き換え)→書ける　kak**eru**

これと同じことを「着る」「食べる」にあてはめるとラ抜き可能形ができます。新しい可能形においてラが抜けるのは、「書く」「読む」と同じやり方で可能形をつくった結果なのです★。

3　着る　**kiru** →(u を eru に置き換え)→着れる　kir**eru**
　食べる　tab**eru** →(u を eru に置き換え)→食べれる　taber**eru**

このように、ラ抜き可能形は、文法的な観点から見ればごく自然な言い方であり、近い将来普通の言い方として定着するものと思われます。地域によっては、ラ抜き可能形がすでに標準的な言い方になっていますが、それは可能形のつくり方の統一がいち早く

★このあたりの正確な事情についてはQ6で述べます。

完了したということにほかなりません。その意味で、「ラ抜きことば」を無条件に「ことばの乱れ」として全面的に否定することは不自然なことだといえます。

しかし、その一方で、可能形の統一は現在進行中の変化です。実際、ラ抜き可能形は話しことばでは用いられても、書きことばではあまり用いられません。そのような段階にあっては、ラ抜き可能形に対して違和感を覚える人がいるのは当然です。違和感というものは人間の意志でどうにかなるものではありません。その意味では、「ラ抜きことば」を無条件に肯定することもまた不自然なことなのです。

ことばは人間にとって「ウチなる文化」の一つです。それゆえ、ことばに関する議論はどうしても感情的・情緒的なものになりがちです。ことばに関する議論が単なる感情論の応酬にならないためには、何よりもまず「ことばとはどういうものであるか」ということを客観的に見る感性が必要です。「文法について考える」ことはそのような感性を育てるためにたいへん重要な意義を持つのです。

章末問題

問1　「日本語のあいまいさ」を示す例として、「いいです（けっこうです）」が「承諾」と「断り（遠慮）」の両方の意味で使われうるということがあげられることがあります。しかし、実際は、「いいです」が「承諾」を表すか「断り（遠慮）」を表すかを判断するのは、それほど難しいことではありません。次の例を参考にしながら、「いいです」などのような場合に「承諾」「断り（遠慮）」を表すかを考えなさい。

1 A：ちょっとその本を見せていただけませんか？
B：いいですよ。

2 A：これでお弁当でも買ってください。
B：そんな、いいですよ。

問2 芥川龍之介の『羅生門』を読むと、前半はたいへん説明っぽい感じがするのに対し、後半はストーリーがどんどん展開していく感じがします。なぜそのような感じがするのかを述語の形に注目して考えなさい。

問3 次にあげるのは、「若者ことば」の例としてよくあげられる（あげられた？）ものです（参考・米川明彦（一九九六）『現代若者ことば考』丸善ライブラリー）。

チョベリグ（超ベリーグッド）、チョムカ（超むかつく）、ゲーセン（ゲームセンター）

① これらの語がどのようなパターンでできているか考えなさい。

② これらの語と同じパターンでつくられた「非・若者ことば」の例をできるだけたくさんあげなさい。

③ ①と②をふまえて、「最近の若者のことばは、何を言っているのかさっぱりわからない」という意見について、自分の意見を述べなさい。

第二章

ことばに「パターン」を見る

Q4 「は」って何を表すんですか?

「文法について考える」ための材料は身近なところにある

みなさんは「文法の研究」に対してどんなイメージをお持ちでしょうか。「五段活用」「文節」「助動詞」「主語」…といった文法用語があれこれ出てきて覚えるのが大変とか、どうでもいいような細かいことにあれこれへリクツをつけるとか、そういうイメージが強いかもしれません。文法研究者自身は一種の「パズル感覚」で文法の研究をやっているところがあるのですが、そのあたりはなかなかわかってもらえません。

これにはいろいろな原因があると思いますが、一つには「身近なところに研究の材料があるとは思われていない」ということがあるのではないかと思います。文法以外の分野、例えば理科や数学では、身近にあるものを材料にして実験や観察をおこなうことがよくあります。特殊な器具や薬品を使うよりは、身近なものを材料にした方が、自然界の法則が身近なものであることを実感できるからです。歴史や文学に興味を持つ人が多いのも、やはりそれらが身近なものと感じられているからではないかと思います。

文法の研究も、「身近なところに材料がある」ことがわかれば、もう少し身近に感じてもらえるかもしれません。そこで、ここでは、レシピの文章を材料にして、日本語の文法の研究でしばしば話題になる「は」について少し考えることにします。身近にあるレシピの文章を観察しながら、「は」の使われ方やはたらきに一定のパターンがあることを見ようというわけです。では、さっそく観察を始めましょう。

レシピの文章の「は」を観察する

レシピの文章では、動作の対象を述べる際に二つのやり方があります。一つは「山芋を入れて煮る」のように「を」で動作の対象を示すやり方、もう一つは「小松菜はゆでて3cmに切る」のように「は」で動作の対象を示すやり方です。実際のレシピの文章でそのことを確認しましょう。

1 【アマダイと野菜の煮つけ】

①アマダイは皮目に浅い切れ目を入れる。

②小松菜はゆでて3cmに切る。しいたけは軸をのぞく。山芋は皮をむいて1.5cm厚さ★に切る。

③なべにだしと調味料を合わせて煮立て、アマダイとしいたけ、山芋を入れて煮る。煮汁がなくなるまで煮、最後に小松菜を加えてさっと煮る。

(『痛風の人の食事』、女子栄養大学出版部)

2 【美花焼売】

①エビは5mm角に切り、豚の背脂はみじん切りにします。カニ肉はほぐしておきます。レモンの皮は薄くそいで細切りにします。

②ボールにエビ、豚の背脂、調味料全部を入れてよく混ぜ合わせ、カニ肉を

★「3cm厚さ」のような言い回しは、ふだんの生活ではあまり使わないと思いますが、レシピにはよく出てきます。専門用語的な言い方なのかもしれません。

加えます。
③ 皮の中央にあん**を**のせ、向かい合うふたつの角**を**内側の横にそれぞれ折って舟形に包み、上にレモンの皮**を**あしらいます。
④ 蒸し器の底に油少々**を**ぬって ③ **を**並べ、7〜8分間蒸します。
（『餃子・焼売・春巻』、新潮文庫）

3

【あぶらげと小松菜のみそ汁】
① 煮干しかかつお節でだし**を**作る。
② あぶらげ**は**縦二つに切って、短冊切りにする。
③ 小松菜**は**さっとかためにゆでて冷水にとり、そろえて水け**を**きつくしぼって、2〜3cm長さに切る。
④ だしにあぶらげ**を**入れて中火で2〜3分煮てやわらげ、みそ**を**こし器に入れてとき入れて一煮立ちさせる。
⑤ 碗に小松菜**を**等分に分けて入れておき、熱いみそ汁**を**つぎ分ける。
（『おかずの基礎とコツ百科』、主婦の友社）

4

【常備菜「うの花炒り」】
① あさりのむき身150g**は**鍋に入れて酒大さじ2**を**ふり、ぷっとふくれるまで炒り煮する。
② 油揚げ1枚**は**油切りしてせん切りにし、干ししいたけ3枚**は**戻して細切

り、にんじん$\frac{1}{2}$本とごぼう$\frac{1}{3}$本**は**ささがきにし、ごぼう**は**酢水にさらす。
長ねぎ1本**は**1cm幅の小口切りにする。
③大きめの鍋にゴマ油大さじ1とサラダ油大さじ4**を**熱し、おから200g**を**入れてほろほろになるまで炒める。だし汁1カップ、砂糖大さじ4、しょうゆ大さじ2と$\frac{1}{2}$、酒$\frac{1}{3}$カップ、塩小さじ$\frac{1}{2}$**を**加えてよく混ぜ、一煮立ちしたらあさり以外の具**を**加えて混ぜながらしばらく煮る。
④ほどよく煮詰まりホロッという感じになってきたら、あさり**を**加えてさらに混ぜてしっとりと仕上げる。

（全農「エプロン」二〇〇〇年十一月号）

レシピの文章で「を」と「は」が使われていることを確認したところで、次に、「を」と「は」の使われ方に何か一定のパターンがないか、もう一度観察してみてください（試験ではありませんので、気軽にいろいろ考えてみてください）。

＊

いかがでしょうか。人によって言い方は違うかもしれませんが、だいたい次のようなことに気づいたのではないかと思います。

★5a　材料の下ごしらえのし方について述べるときは、基本的に「は」を用いる（ただし、「しいたけは軸をのぞく」のように、一度「は」を使った後は「を」を用

★「料理の主な材料は『は』、水や調味料の類は『を』」、「『は』を使うと説明っぽくなるが、『を』を使うと動作の流れを述べている感じがする」というのも、基本的には同じ観察です。

いる）。

b　下ごしらえした材料や調味料を組み合わせて完成品をつくっていくプロセスを述べるときは、基本的に「を」を用いる。

このようなパターンは、レシピの文章に限らず、もののつくり方について解説した文章によく見られる一般的なパターンですので、手近★にある料理の本などを見て確認してみてください。

一工夫加えて観察する

さて、ある一般的なパターンが発見できたら、次に「なぜそうなるか」が知りたくなるものです。また、「なぜそうなるか」が説明できれば、より研究らしくなるというものです。そこで次に、5のような「を」と「は」の使い分けが生ずる背景について少し考えてみましょう。

レシピの文章で「を」と「は」が使い分けられるのは、「を」を用いた文と「は」を用いた文の意味が異なるからですが、その違いは実際の文章を観察するだけではなんとなくしかわからないと思います。そこで、ちょっとした工夫を加えてみましょう。

次の例を見てください。

6　【豚肉と焼きどうふのじぶ煮風】

★一種類だけではなく、いろいろ見てみてください。

①　焼きどうふ**は**4切れのそぎ切りにし、さっと湯がく。すだれ麩**は**水に30分つけてもどし、食べよく切って薄味に煮る。

②　ほうれんそう**は**ゆでて冷水にとり、水けをとって3㎝長さに切る。生しいたけ**は**洗って軸をとっておく。（以下略）

（『おかずの基礎とコツ百科』、主婦の友社）

7

①　焼きどうふ**を**4切れのそぎ切りにし、さっと湯がく。すだれ麩**を**水に30分つけてもどし、食べよく切って薄味に煮る。

②　ほうれんそう**を**ゆでて冷水にとり、水けをとって3㎝長さに切る。生しいたけ**を**洗って軸をとっておく。（以下略）

7は6の「は」を「を」に置き換えただけのものですが、これだけでも、「を」を用いた場合と「は」を用いた場合の意味の違いがかなりはっきりと見えてきます。

さらにもう一工夫して、次のように「まず」「次に」を加えると、両者の違いはさらにはっきりするでしょう。

8

①　**まず**、焼きどうふ**は**4切れのそぎ切りにし、さっと湯がく。**次に**、すだれ麩**は**水に30分つけてもどし、食べよく切って薄味に煮る。

9

①　**まず**、焼きどうふ**を**4切れのそぎ切りにし、さっと湯がく。**次に**、すだれ麩**を**水に30分つけてもどし、食べよく切って薄味に煮る。

まず、「を」を用いた7、9は、動作の順序を時間の流れにそって述べる文章です。9の「まず」「次に」が表すのも「動作そのものの順序」です。

10 （まず）Aを…。（次に）Bを…。（次に）Cを…。

一方、「は」を用いた6、8は、個々の材料を話題としてとりあげ、それぞれどのように処理をほどこすかを解説した文章です。8の「まず」「次に」が表すのも、動作の順序ではなく「話し手が材料を話題としてとりあげる順序」です。

11 （ここにA、B、Cという材料がある。）
（まずAについて言えば）Aは…。
（次にBについて言えば）Bは…。
（次にCについて言えば）Cは…。

つまり、「Xは」は、「Xを」のように単に動作の対象を表すのではなく、

12 この文ではXを話題★としてとりあげる。

ということを表すと考えられるわけです。「しいたけ**は**軸**を**のぞく」のように、一文の中で「は」と「を」の両方が用いられた文も、「話題―解説」というパターンの文と考えられます。

★「話題」は「主題」「題目」とも呼ばれます。また、「私は日本酒ハ好きだ」「ここの料理はおいしいことハおいしい」のような「は」は、「他のものはともかく、日本酒が好きなことは確かだ」、「他のことはともかく、おいしいことは確かだ」という「他者不問」のニュアンスが感じられます。「他のものを排除して、特にあるものに話題を限定して、解説を加える」というわけです。

13　（話題）　　（解説）
［しいたけは］［軸をのぞく］。

「は」と「を」の使い分けの背景

ここまで来れば、材料の下ごしらえのし方について述べるときは「は」、また、下ごしらえした材料や調味料を組み合わせて完成品をつくっていくプロセスを述べるときは「を」が用いられる理由もだいたい見当がつくと思います。

まず、完成品をつくっていくプロセスを述べるときに「（まず）Aを…。（次に）Bを…。」という述べ方をするのは、動作の順序が何よりも重要な情報だからです。レシピによっては、「は」がまったく用いられないことがありますが、その場合、文章全体で時間の流れにそった動作の手順を述べていることになります。

14　【パンプディング】
①　食パンを1㎝角に切る。
②　牛乳、卵、1/2量の砂糖を食パンとよく混ぜ合せ、型に入れてオーブンで焼く。
③　いちょう形に切ったりんごを残りの砂糖、少量の水で煮て、アップルソースをつくり、プディングにかける。

（『胆石、胆のう炎、膵炎の食事療法』、同文書院）

15 【あつあつねぎしゃぶ】

① 鍋に湯**を**沸騰させて豚肉**を**1枚ずつ広げてゆで、ザルにあげる。

② ①の水気**を**きったら、塩・こしょう・ごま油**を**まぶす。

③ 皿に盛った上にせん切りにしてさらした長ねぎときざんだしょうが**を**のせて、熱したサラダ油**を**まわしかける。

④ 食べる時にしょうゆ**を**かける。

（全農「エプロン」二〇〇〇年十一月号）

一方、下ごしらえの内容について述べるときに「（まずAについて言えば）Aは…。（次にBについて言えば）Bは…。」という述べ方をするのは、下ごしらえの段階では、動作の順序より、ある特定の材料をいかに処理するかの方が重要な情報だからです。

下ごしらえした材料や調味料を組み合わせて完成品をつくっていくプロセスを述べる途中で「は」が割り込むこともあります。その場合も、単に「次にこうする」ということを述べるのではなく、「注意事項を補足する」という意味の文になります。調理の途中で、問題になりそうなものに話題を限定し、注意点を解説するわけです。

16 【荒岩流ラフティー】

（略）

② 豚肉**は**泡盛をふりかけ、30分ほどそのままにしておく。

③沸騰したお湯で塊のまま90分ほどゆでる。［余分な脂肪を出してしまう。］★
④ゆで上がり、肉が冷めたら8〜10等分に切り分ける。［煮込んでいくうちにまだまだ油が抜けて小さくなるから大きめに切るべし。］
⑤だし汁・黒砂糖・泡盛を入れ、中火で30分煮込み、醤油を半分加える。［アクは丹念に取り除くべし。］
⑥さらに1時間煮込み、残りのショウユを入れ、2時間ほど煮込む。（略）

（うえやまとち『クッキング・パパ』第56巻）

17

【寒ぶりのすり身　クリームチーズスープ】

（略）

⑤鍋に③で残しておいたアラと④の野菜を入れて、③のスープを注ぐ。火にかけて、沸いたら弱火に落として10分ゆで、火をとめて10〜15分おく。余った③のスープはとっておく。
⑥すり身の地をつくる。（略）
⑦⑤の鍋を火にかける。沸いたら弱火にして、⑥をスプーンで形よくすくい取って入れる。火はそのままにしておく。

（『NHK男の食彩』二〇〇二年一月号）

また、次の例の「を」を「は」に置き換えることはできませんが、これも、「入れる」

★［　］の中は吹き出しの中の文章です。

「垂らす」だけでは注意事項★らしくないからです。

18　次に砂糖**を**入れる。酒**を**垂らす。塩**を**入れる。酢**を**入れる。（略）

（『檀流クッキング』、中公文庫）

19　?砂糖**は**入れる。酒**は**垂らす。塩**は**入れる。酢**は**入れる。

「話題化」理論にもとづく「は」の観察

以上、レシピ★の文章における「を」と「は」の使い分けを観察し、「Xは」が「Xを話題としてとりあげる」というはたらきを持つことを見ました。身近な材料をちょっと工夫を加えながら観察することで、ことばのパターン、そして、そのパターンの背景にあることがらについて、けっこう深く知ることができるわけです。

しかし、ことばのパターンの中には「理論」によってはじめて見えてくるものもあります。「は」について大まかなイメージがつかめたところで、一歩進んで、「理論」にもとづく「は」の観察をちょっとやってみましょう。

「は」を含む文は「話題化★」によってできるという理論があります。「話題化」とは、文中のある部分に「は」をつけることによって、その部分を文全体の話題とする操作です。この理論によれば、

20a　太郎**は**来年北京に留学する。

★「塩は小さじ一杯程度入れる」「塩は少しだけ入れる」のように、内容をより詳しくすれば、注意事項らしくなり、「は」が使えるようになります。

★レシピの文章の「は」の機能については、青山文啓（一九八七）「料理の文章における提題化の役割」（『計量国語学と日本語処理――理論と応用――』、秋山書店）にくわしい考察があります。

★「話題化」は「主題化」ともいいます。くわしくは、柴谷方良（一九七八）『日本語の分析』（大修館書店）、野田尚史（一九九五）『「は」と「が」』（くろしお出版）などをごらんください。

b　小松菜**は**ゆでて3センチに切る。

という文は、次のようにしてできたと分析されます。

21　太郎が来年北京に留学する。　　小松菜をゆでて3センチに切る。

　　←**話題化**　　　　　　　　　←**話題化**

　［太郎**は**］［来年北京に留学する］。［小松菜**は**］［ゆでて3センチに切る］。

同じようにして、次の文がどのような話題化によってできたか考えてみてください。

22　このお茶**は**香りがいい。

23　しいたけ**は**軸をのぞく。

24　芸能人**は**歯が命。（CM）

25　彼の病気**は**暴飲暴食に原因がある。

26　この問題**は**、解くのが難しい。

27　辞書**は**新しいのがよい。

まず、22、23は、「XのYが…」のXの部分が話題化されたものと考えられます。

28（＝22）このお茶**は**香りがいい。（←このお茶の香りがいい。）

29（＝23）しいたけ**は**軸をのぞく。（←しいたけの軸をのぞく。）

また、24、25では、「…がXのYだ」のXの部分が話題化されたと考えられます。

30（＝24）芸能人**は**歯が命。（←歯が芸能人の命。）

31（＝25）彼の病気**は**暴飲暴食に原因がある。（←暴飲暴食に彼の病気の原因がある。）

26は次のようにできたものと考えられます。

32（＝26）この問題**は**、解くのが難しい。（←［この問題を解く］のが難しい。）

27については、次のように、「新しい辞書」の「辞書」を話題化し、同時にそれによって生じた空白（□の部分）を「の」で埋めると考えることができるでしょう。

33（＝27）新しい辞書がよい。

　↓「辞書」の話題化

［辞書**は**］［新しい□がよい］。

　↓「の」補充

［辞書**は**］［新しい[の]がよい］。

このように「話題化」にはいろいろなパターンがあります。また、場合によっては、次のように、文中のある部分を話題化したというよりは、「話題―解説」という枠に直接言語要素をはめこんだと考える方が自然な場合もあります。

34　この臭い**は**、ガスが漏れているに違いない。

35　（話　題）　（解　説）

［　**は**］［　　　　　］

→この臭い　→ガスが漏れているに違いない

このように、「は」を含む文のでき方にはいろいろなパターンがあります★。「話題化」という理論を道具にすることによって、文を見ただけではわからない「ことばのパターン」をくっきりとした形で観察できるわけです。

「理論」というと「理屈」というイメージが強いかもしれません。確かにそのような側面があることは否定できませんが、文法理論の役割は何よりもまず「ことばのパターンを観察するための道具」であるところにあります。「文法理論、イコール理屈」という先入観はすてて、まずは一つの文法理論を通して見えてくることばのパターンを楽しんでください。それが「理論」と上手につきあうコツです。

Q5　文法の研究でよく「実験」をやると聞いたのですが。

「実験」とは何か

文法の研究ではよく「実験」がおこなわれます。このように言うと「はて?·」と思う

★また、「は」を含む文のでき方についても、いろんな考え方があります。ここに示したのも、あくまでその一例です。

人も少なくないでしょう。学校の授業では「実験」といえば理科であり、ことばと理科の間には一見何の接点もないように見えるからです。

しかし、実験器具を使った実験だけが「実験」ではありません。私たちが日常的におこなっていることの中にも「実験」的なものはたくさんあります。例えば、私は電車で長距離通勤をしているのですが、最初のころは「どの時間の電車のどの車両に乗ったら最も座れる確率が高いか」を探るために、電車の時間や乗る車両をあれこれかえてみたり、同じ時間の同じ車両に何日か続けて乗ってみたりしたものです。また、小学六年生になる私の娘は、毎朝鏡の前であれこれ髪型をかえながら、「自分にはどういう髪型が似合うか」を追求しています。

これらはいずれも「探索的実験」と言ってよいものです。つまり、私も娘も、「こういうことをやったら、こういう結果が出る」ということを、いろいろ条件をかえてテストし、その結果を整理して、背後にある法則や原理を考える。ということをやっているわけです。そして、このような意味での「実験」は、文法の研究においてもよくおこなわれます。ここでは簡単な例を一つ紹介しましょう。

「数量詞遊離」の実験

文法研究において最もよくおこなわれる実験は、文をあれこれいじくって、どのような結果が出るかを見ることにより、問題の表現の成立条件をくわしく探るというものです。「この文は日本語として自然かどうか」、「この文はどのような意味を表すか（表しうるか）」に関する母語話者の言語的直観（言語的内省）を利用した実験ということで「内省実験」と呼ばれます。例えば、次の例を見てください。

1a　**三人**の学生が　来た。
　b　学生が　**三人**　来た。

1aでは、数量詞★「三人」が「の」を介して「学生」と結びついています。一方、1bでは、数量詞「三人」が「学生」とは直接結びつかずに「学生が」の後に置かれていますが、1aと同様、「三人」は「学生」の数を表します。このような現象は、数量詞（Q）が名詞（N）から切り離されて別のところに移動する「数量詞遊離★」の現象と説明されることがあります。「三人」と「学生」がもともと結びついていたからこそ、1bの「三人」も「学生」の数を表すことができるというわけです。

2　［**Q**のN］格助詞　　動詞
　　［　N］格助詞　**Q**　動詞

「学生が三人来た」のような文が本当に数量詞の「遊離」によってできたのかどうか

★「三人」「三冊」「三本」のように「数+助数詞」の構造を持つものだけでなく、「全員」「たくさん」「半分」なども数量詞です。

★現在では「数量詞が名詞から分離して移動する」とは分析せずに、「離れたところにある数量詞と名詞が意味的に結びつく」と分析するのが普通です。ただ、話としては「分離して移動する」という方がわかりやすいので、ここでは「数量詞遊離」という用語を用いることにします。

は別として、なかなかおもしろい現象であることは確かです。しかし、いくら現象そのものがおもしろくても、単に「数量詞遊離と呼びうる現象がある」というだけでは、研究としてはあまりおもしろくありません。やはり、「なぜ『学生が三人来た』のような言い方が可能なのか」を考えてこそおもしろくなるというものです。

しかし、そのような問題について考えるためには、何よりもまず「学生が三人来た」のような現象の成立条件を探らなければなりません。「この現象はこれこれの条件のもとで成立する」という客観的な手がかりがあってこそ、問題の現象の背景にあることがらについて考えることができるというものです。★

そのようなときに有効なのが、文をいろいろといじくってみて、どのような結果が出るかを見る探索的な内省実験です。以下では、とりあえず「学生が三人来た」のような文は数量詞の「遊離」によってできたものと仮定し、どのような文の場合に「数量詞遊離」が可能かをテストしながら、「学生が三人来た」のような文が成立する条件を探ることにします。

「数量詞遊離」の成立条件

まず、1では「QのN」の後の格助詞が「が」になっていましたが、これを「を」にかえて同じように数量詞遊離ができるかどうか試してみましょう。

★現象の成立条件を探ることなしに、いきなり「なぜこのような現象が起きるのか」ということを問うのはナンセンスというものです。

3a　三人の学生を｜招いた。
b　学生を｜三人　招いた。

「QのN」の後の格助詞が「を」の場合も数量詞が分離できることがわかります。では、他の格助詞の場合はどうでしょうか。いろいろ試してみましょう。

4a　三人の学生に｜本を貸した。
b　*学生に｜三人　本を貸した。
5a　三人の学生と｜ビールを飲んだ。
b　*学生と｜三人　ビールを飲んだ。
6a　三人の学生から｜話を聞いた。
b　*学生から｜三人　話を聞いた。

このように、名詞の後に「に」「と」「から」がつく場合は、数量詞を分離すると不自然な文になります。数量詞遊離が可能なのは、基本的に名詞の後につく助詞が「が」「を」の場合に限られるようです。★

では、次の例はどうでしょうか。

7a　三人の子供が｜生まれた。
b　子供が｜三人　生まれた。

★ただし、「ぼくの方でも、心あたりのある人に二、三人あたってみるよ」のように、動作の対象に近い意味を表す「に」の場合は、数量詞遊離が可能です。井上和子(一九七八)『日本語の文法規則』(大修館書店)をごらんください。

8 a　**四〇〇グラム**の子供が　生まれた。
b　*子供が　**四〇〇グラム**　生まれた。
9 a　**五〇cc**の水を　飲んだ。
b　水を　**五〇cc**飲んだ。
10 a　**五〇cc**のバイクを　買った。
b　*バイクを　**五〇cc**買った。

7、8はいずれも「子供」の後の格助詞は「が」です。しかし、7では数量詞遊離が可能ですが、8では不可能です。7と8はどこが異なるのでしょうか。

「三人の子供」の「三人」は純粋に「子供」の数量を表します。一方、「四〇〇グラムの子供」の「四〇〇グラム」は「子供」の数量を表すわけではありません。「四〇〇グラムの子供」は「体重が四〇〇グラムである子供」という意味であり、この場合「四〇〇グラム」は「子供」の性質を表すと考えられます。9、10の「五〇ccの水」「五〇ccのバイク」についても同じことがいえます。どうやら、数量詞遊離が可能なのは、数量詞が純粋に名詞が指すものの数量を表す場合に限られるようです。

これに関連して、次のような現象もあります。

11 a　**一〇〇段**の石段を登る。
b　石段を　**一〇〇段**　登る。

11bの「一〇〇段」は「登った段数」、すなわち「登る」という動作にともなって生じた量(達成量)を表します。一方、11aの「一〇〇段」は、「登った段数」を表すともとれますが、単に「石段が持つ性質としての段数★」を表すともとれます。後者の場合、「一〇〇段ある石段を(何段か)登る」という意味になります。7、9の「三人」「五〇cc」も「生まれた人数」「飲んだ量」を表すことを考えると、「数量詞が純粋に名詞が指すものの数量を表す」ことと「数量詞が動作にともなって生じた量を表す」ことは密接な関係にあるといえそうです。

数量詞遊離に関しては、分離した数量詞の移動先も重要な問題です。

12 a **三人**の子供が｜ 写った 写真が ある。
　 b 子供が｜ **三人** 写った 写真が ある。
　 c *子供が｜ 写った 写真が **三人** ある。

「三人」を「子供が」の後に移動した12bは自然ですが、「三人」を「写真が」の後に移動した12cは不自然です。この違いは「三人の子供が写った写真がある」の文構造を考えればわかります。

13 [[**三人**の子供が写った]$_{文2}$ 写真がある]$_{文1}$。

この文では、「三人の子供が写った」という文(文2)が「写真」の内容を規定する要

★「石段がもともと持つ段数」と言ってもいいでしょう。

素として「写真がある」という文（文1）の中に埋め込まれています。12cが不自然なのも、数量詞が文2の外に移動したからと考えられます。分離した数量詞が移動できるのは「QのN」と同レベルの文の内部だけなのです。

14 a [[**三人**の子供が写った]文2 写真がある]文1。
　 b [[子供が　**三人**　写った]文2 写真がある]文1。（=12b）

15 a [[**三人**の子供が写った]文2 写真がある]文1。
　 b *[[子供が写った]文2 写真が　**三人**　ある]文1。（=12c）

次の例についても同じように説明できるでしょう。

16 a [[子供が写った]文2 **三枚**の写真がある]文1。
　 b [[子供が写った]文2 写真が　**三枚**　ある]文1。
　 c *[[子供が　**三枚**　写った]文2 写真がある]文1。

実験結果を別の現象に応用する

ここまで数量詞遊離について観察してきたことをまとめると次のようになります。数量詞遊離という現象の成立にいろいろな要因が関わっていることがよくわかります。

17　数量詞は次の三つの条件を満たす場合にのみ遊離可能である。

①「QのN」の後の格助詞が「が」「を」である。

②数量詞が「名詞が指すものの純粋な数量（特に動作にともなって生ずる数量）」を表す。

③数量詞が移動できるのは「QのN」と同レベルの文の内部だけである。

これに類する現象★は、実は数量詞以外にも見出すことができます。

18 a　［**誰か**　中国語のできる人］を知りませんか？
　 b　中国語のできる人を　**誰か**　知りませんか？
19 a　［**強い**　風］が吹いた。
　 b　風が　**強く**　吹いた。
20 a　［**深い**　穴］を掘った。
　 b　穴を　**深く**　掘った。
21 a　［**生の**　カキ］を食べた。
　 b　カキを　**生で**　食べた。

これらはいずれも、数量詞遊離と同じく、太字の部分が名詞と結びついた形で用いられても（a文）、名詞から切り離されて動詞と結びついた形で用いられても（b文）、文

★奥津敬一郎（一九九五―一九九七）「連体即連用？」（『日本語学』14巻11号―16巻10号、明治書院）をごらんください。

の基本的な意味は大きく変わらないという現象です。また、例4～6でおこなったのと同じ実験を試してみると、数量詞遊離の場合と同様、名詞の後の格助詞が「が」「を」の場合に限ってこれらの現象が成立することがわかります。

22 a この本は「**誰か** 中国語のできる人」にあげてください。
　b *この本は「中国語のできる人」に **誰か** あげてください。

23 a 屋根が「**強い** 風」で吹き飛ばされた。
　b *家が風で **強く** 飛ばされた。

24 a 「**深い** 穴」から出た。
　b *穴から **深く** 出た。

25 a 「**生の** カキ」に レモンをかける。
　b *カキに **生で** レモンをかける。

このように、ある一つの現象についてなされた実験の結果を他の現象に応用することで、現象どうしの関連性が明確な形でとらえられることも、実験が持つ重要な効用の一つです。

「仮説の検証」のための実験

以上、「数量詞遊離」及びその関連現象について簡単な探索的実験をおこないましたが、ここで一つ思い出していただきたいことがあります。それは、私たちがここでおこなったのは、あくまで、問題の現象をとりあえず「数量詞遊離」とみなした上での探索的実験にすぎない、ということです。つまり、ここまでは「数量詞遊離」は単なる探索のための手段であり、問題の現象が本当に「数量詞遊離」という形で説明することが妥当かどうかは別途検討を要するということです。私たちは、①~③の現象——「数量詞遊離」という観点からとらえられた言語事実——をふまえながら、あらためて現象の本質について考える必要があるのです。

実際、数量詞遊離に関してはいろいろな立場からさまざまな議論★がなされています。例えば、数量詞遊離は、「QのN」(例：三人の学生)からの遊離ではなく、「NQ」(例：学生三人)のような並列構造からの遊離と考えるべきだとする立場★があります。

26 [N Q]が／を 動詞 (例：[学生 三人]が来た。)

[N]が／を Q 動詞 (例：学生が 三人 来た。)

これはつまり、「NQが／を動詞」という表現が成立しなければ「Nが／をQ動詞」も成立しないという説明です。「学生三人」「水五〇〇cc」とは言えても、「*子供四〇〇〇グラム」「*バイク五〇cc」とは言えない。もとが言えないのだから、当然「*子供が四〇〇〇グラム生まれた」「*バイクを五〇cc買った」も言えない——というように、数量

★三原健一(一九九八)『生成文法と比較統語論』(くろしお出版)、高見健一(一九九八)「情報構造と伝達機能」(『日英語比較選書2：談話と情報構造』、研究社)などをごらんください。

★奥津敬一郎(一九八九)「数量表現——三匹の子豚」(『日本文法小事典』、大修館書店)

詞遊離の現象をよりシンプルな形で説明できるようになったわけです。

しかし、26の仮説をいろいろなケースにあてはめてみると（ここでも実験が有効！）、次のように数量詞の遊離ができないケースも出てきます。

27 a ［私たち二人］がみなさんをご案内します。
b *私たちが 二人 みなさんをご案内します。

このことは、26の仮説だけでは文中における数量詞のふるまいを十分に説明できない（何らかの修正を加える必要がある）ことを示しています。つまり、ある仮説にもとづいていろいろと内省実験をおこなうことにより、その仮説が妥当かどうか（どの程度妥当か）を吟味することができるわけです。

一口に文法研究といってもいろいろなスタイルがありますが、「内省実験によって言語事実を発掘して、それを説明するための仮説をたてる。そして、その妥当性を内省実験によってさらに吟味する」というのは、文法研究においてよくとられる方法の一つになっています。★

いかにも「実験」らしい研究もある

以上紹介したのは、紙と鉛筆（と時間）さえあればいつでもできる（少なくともそのように見える）探索的実験でした。おそらく、みなさんの中には「確かに実験といえば実験だ

★より本格的な内省実験については、田窪行則（一九九七）「言語学のめざすもの」『岩波講座言語の科学1：言語の科学入門』（岩波書店）をごらんください。

けど、ちょっとがっかり」という方もいらっしゃるかもしれません。でも、ご安心ください。文法の研究にはいかにも「実験」らしい実験もあります。

人文科学の分野で実験といえば何といっても心理学ですが、言語学の中でも「心理言語学」と呼ばれる分野では、心理学と同様の実験的手法を用いて、文の理解過程や文法の習得過程について研究★がおこなわれています。また、もともと「言語」はいわゆる言語学以外にもさまざまな分野で研究の対象になっていますが、最近では、文を読むときに脳がどのように活動しているかを計測する実験★もおこなわれています。

これらの研究については、その道の専門家による解説を読むのが一番です。興味のある方はぜひこれらの本格的な実験研究の世界ものぞいてみてください。本書で述べる文法の研究とはまた一味違う「文法の研究」の世界が広がっていることを見ることができるでしょう。

★郡司隆男・坂本勉（一九九九）『現代言語学入門1：言語学の方法』（岩波書店）などをごらんください。

★萩原裕子（一九九八）『脳にいどむ言語学』（岩波書店）などをごらんください。

Q6 活用表にいろいろなものがあるのはなぜですか？

解釈としての「活用」は一つではない

ある人から次のような質問を受けました。

国語の授業では動詞の活用を「五段活用／一段活用」のように習いましたが、日本語教育などでは「子音語幹／母音語幹」という説明をしていると聞きました。同じ日本語なのになぜ違う説明をするのですか?

もっともな疑問です。ただ、ここで思い出していただきたいことが一つあります。それは、「事実」と「解釈」は違うということです。

1

	使役形	丁寧形	基本形	命令形	意向形	…
帰る	かえらせる	かえります	かえる	かえれ	かえろう	…
書く	かかせる	かきます	かく	かけ	かこう	…
変える	かえさせる	かえます	かえる	かえろ	かえよう	…
起きる	おきさせる	おきます	おきる	おきろ	おきよう	…

「帰る、書く」「変える、起きる」が1のように変化(活用)することは事実です。また、「帰る、書く」と「変える、起きる」で変化のパターンが異なることも事実です。しかし、「それぞれの変化形はどのようにできているか」についてはいろいろな解釈が可能です。言語事実としての「活用」は一つでも、解釈としての「活用」は一★つではないのです。

「五段活用／一段活用」「子音語幹／母音語幹」というのも、動詞の活用に関する二つの解釈のキーワードといえるものです。以下では、この二つの解釈が動詞の変化のどの

★「事実」と「解釈」についてはQ2でも述べました。

ような規則性をとらえようとしているのかを見ていくことにします。

五段活用／一段活用

動詞の形の変化には一定の規則性があります。先にあげた「帰る、書く」「変える、起きる」について少し観察してみましょう。

まず、「帰る、書く」を見ると、「かえ」「か」の後が「ら—り—る—れ—ろ」「か—き—く—け—こ」のように変化するという規則性が観察されます。五十音図のア段からオ段の音がすべて現れるということで、**五段活用**と呼ばれます★。

2

	使役形	丁寧形	基本形	命令形	意向形	…
帰る	かえらせる	かえります	かえる	かえれ	かえろう	…
書く	かかせる	かきます	かく	かけ	かこう	…

次に、「変える、起きる」を見ましょう。この場合、「帰る、書く」と同じタイプの規則性は見られません。そのかわり、「か」「お」の後が、「え—え—え—え—え」「き—き—き—き—き」のようにイ段音・エ段音で一定しているという、五段活用とは対照的な規則性が観察されます。このような活用は、五段活用に対して、**一段活用**★と呼ばれます。一段活用の動詞はすべて「—る」で終わります★。

★「帰る」は「ら—り—る—れ—ろ」のようにラ行で変化するのでラ行五段活用と呼ばれます。同様に、「か—き—く—け—こ」と変化する「書く」はカ行五段活用、「わ—い—う—え—お」と変化する「買う」はワ行五段活用ということになります。「出す、打つ、死ぬ、飲む」も五段活用の動詞です。

★「起きる」のようにイ段(ウ段の上)の音が現れるものは「上一段活用」、「変える」のようにエ段(ウ段の下)の音が現れるものは「下一段活用」と呼ばれます。「き」が一定して現れる「起きる」は「カ行上一段活用」、「え」が一定して現れる「変える」は「ア行下一段活用」と呼ばれます。「当てる、食べる、入れる」「満ちる、浴びる、借りる」も一段活用の動詞です。

★「—る」で終わる動詞がすべて一段動詞というわけではありません。「切る、帰る、練る、減る」などは五段活用の動詞です。

3

	使役形	丁寧形	基本形	命令形	意向形	…
変える	かえさせる	かえます	かえる	かえろ	かえよう	…
起きる	おきさせる	おきます	おきる	おきろ	おきよう	…

2、3の下線部、すなわち、五段活用と一段活用のそれぞれにおいて規則性が見出せる部分を中心にして、各変化形を三つの部分に分けると次のようになります。

4 五段活用（「ア段からオ段にかけて変化する」という規則性）

帰る

A	B	C
かえ	ら	せる
かえ	り	ます
かえ	る	
かえ	れ	
かえ	ろ	う
:	:	:

書く

A	B	C
か	か	せる
か	き	ます
か	く	
か	け	
か	こ	う
:	:	:

5 一段活用（「イ段、エ段が一定して現れる」という規則性）

変える

A	B	C
か	え	させる
か	え	ます
か	え	る
か	え	ろ
か	え	よう
:	:	:

起きる

A	B	C
お	き	させる
お	き	ます
お	き	る
お	き	ろ
お	き	よう
:	:	:

4、5のまとめ方は、五段活用、一段活用それぞれに局所的に見られる規則性をよくとらえています。しかし、その反面、全体としては必ずしも統一のとれたまとめ方になっていないところがあります。そのことは次の二つを比べてみればわかります。

6　五段活用

	A 変化しない部分	B 規則的に変化する部分	C 後につく要素
帰らせる	かえ	ら	せる。
帰ります	かえ	り	ます。
帰る	かえ	る。	
帰れ	かえ	れ。	
帰ろう	かえ	ろ	う。

7　一段活用

	A 変化しない部分	B 変化しない部分	C 後につく要素
変えさせる	か	え	させる。
変えます	か	え	ます。
変える	か	え	る。
変えろ	か	え	ろ。
変えよう	か	え	よう。

五段活用の場合、A列、B列、C列の要素は、それぞれ「変化しない部分」「規則的に変化する部分」「後につく要素」としてとらえられます。そして、太線で囲んだ「かえら、かえり、かえる、かえれ、かえろ」の部分が「帰る」の活用形で、C列の「せる、ます、う」は動詞とは別の要素ということになります★。

これに対し、一段活用は「イ段音・エ段音が一定して現れる」ことに注目したものです。そのため、五段活用とは異なり、A列とB列がともに「変化しない部分」ということになります。

また、五段活用ではB列までが動詞の活用形であり、C列は別の要素でしたが、一段活用では、動詞の一部(「かえる。／かえろ。」の「る／ろ」)がC列、すなわち「後につく要素」ということになってしまいます。五段活用と一段活用のそれぞれに局所的に見られる規則性に注目するだけでは、全体として統一のとれたまとめ方にはならない――五段活用と一段活用を同じ枠組みの中でとらえることができない――のです。

実は、これらのくいちがいは、ちょっと工夫を加えれば解消できます。その工夫とは、一段活用のC列の「る。」と「ろ。」をB列にくみこむというものです。

★また、各活用形のうち、「かえる。／かえれ。」は単独で使える活用形、「かえら―／かえり―／かえろ―」は別の要素を後につけるための活用形ということになります。

8　一段活用（修正）

	A 変化しない部分	B 規則的に変化する部分	C 後につく要素
変えさせる	か	え	させる。
変えます	か	え	ます。
変える	か	える。	
変えろ	か	えろ。	
変えよう	か	え	よう。

このようにすれば、動詞の一部が「後につく要素」になることもなく、また、B列も、「『イ段、エ段が一定して現れる』という五段活用とは対照的な規則性を含みつつ、変化する部分」として位置づけることができます。つまり、五段活用と一段活用が同じ枠組みの中で整理できるようになったわけです。

「五段活用／一段活用」のしくみは、だいたい以上のようにまとめることができます。学校で習う活用表はこれよりもう少し複雑ですが、そのエッセンスは6と8の表に十分に示されています。「変化する部分」に注目し、そこに五十音図★の構造を見る――これが「五段活用／一段活用」というとらえ方の理論的基盤なのです。

★動詞の変化を五十音図の構造と結びつけて整理することは、江戸時代の文法学者、本居春庭の『詞の八衢』（ことばのやちまた）でほぼ完成されたといわれます。ただし、本書の説明は、あくまで「五段活用／一段活用」にもとづく活用表のしくみを解説したものであり、「五段活用／一段活用」にもとづく活用表の歴史的な成立過程を再現したものではありません。

「五段活用／一段活用」の問題点

「五段活用／一段活用」というとらえ方は、日本語の動詞の変化に局所的に見られる規則性を実によくとらえています。ただ、この分析には一つ重大な欠点があります。それは「着る、寝る」の変化を考えればわかります。

9　一段活用

着る

A	B	C
	き	させる
	き	ます
	きる	
	きろ	
	き	よう
	：	：

寝る

A	B	C
	ね	させる
	ね	ます
	ねる	
	ねろ	
	ね	よう
	：	：

五段活用

*く

A	B	C
	か	せる
	き	ます
	く	
	け	
	こ	う
	：	：

一見してわかるように、「着る、寝る」にはA列の部分がありません。これは、イ段音・エ段音が一定して現れるのが語頭の部分であることからくる必然的な帰結です。しかし、その一方で、語頭の部分が（例えば「か―き―く―け―こ」「さ―し―す―せ―そ」の

ように)変化する五段活用の動詞はありません。もしそのような動詞があるとしたら、基本形は「く」「す」となるはずですが、そのような動詞はありません。五段活用の場合は必ずA列があるが、一段活用の場合はA列はあってもなくてもよい、というのはいかにも場当たり的な説明です。

また、五段活用では、A列は「変化しない部分」、B列は「規則的に変化する部分」というふうにはっきりと違いますが、一段活用のB列は「イ段、エ段が一定して現れつつ、規則的に変化する」という、いかにも中途半端なものになっています。

一段活用に関してこのような問題が生ずるのは、「五段活用／一段活用」の理論的基盤が「変化の中に五十音図の構造を見る」ことにあるからです。五段活用の場合、五十音図の構造が見られるのは、「ら—り—る—れ—ろ」(帰る)、「か—き—く—け—こ」(書く)のような、文字どおり「変化する」部分です。これに対し、一段活用では、五十音図の構造が見られるのは、「え—え—え—え—え」(変える)、「き—き—き—き—き」(起きる)のような「変化しない」部分です。その変化しない部分を、五段活用との対比上、「規則的に変化する部分」にくみこむところに問題があるわけです。

そこで、今度は逆に「変化しない部分」に基盤を置いたまとめ方について考えてみましょう。それが以下に述べる「子音語幹／母音語幹」にもとづく整理です。

子音語幹／母音語幹

「五段活用／一段活用」ではまず変化の規則性に注目しましたが、今度は逆に、すべての変化形を通じて変化しない、動詞の根幹というべき部分（**語幹**★）にまず注目します。「すべての動詞には変化しない部分がある」ということを理論的基盤として、動詞の活用について考えようというわけです。

10

	基本形	**使役形**	**丁寧形**	**命令形**	**意向形**	…
帰る	かえる **kaer**-u	かえらせる **kaer**-aseru	かえります **kaer**-imasu	かえれ **kaer**-e	かえろう **kaer**-oo	…
書く	かく **kak**-u	かかせる **kak**-aseru	かきます **kak**-imasu	かけ **kak**-e	かこう **kak**-oo	…
変える	かえる **kae**-ru	かえさせる **kae**-saseru	かえます **kae**-masu	かえろ **kae**-ro	かえよう **kae**-yoo	…
起きる	おきる **oki**-ru	おきさせる **oki**-saseru	おきます **oki**-masu	おきろ **oki**-ro	おきよう **oki**-yoo	…

10からわかるように、「帰る」の語幹は**kaer-**、「書く」の語幹は**kak-**です。子音で終わるので**子音語幹**といいます。これに対し、「変える」の語幹は**kae-**、「起きる」の語幹は**oki-**です。母音で終わるので**母音語幹**といいます。「帰る、書く」は子音語幹動

★「五段活用／一段活用」にもとづく活用表のA列も「語幹」と呼ばれます。そして、「着る、寝る」のようにA列の部分がないケースは「語幹なし」とされます。動詞の根幹の部分である語幹がないというのは不自然ですが、そもそも「五段活用／一段活用」で重要なのは「変化する部分」（B列）であって、A列は実質的に「B列の前の部分」でしかありません。「語幹」とはいっても、「子音語幹／母音語幹」とは理論的な重みがまったく異なるのです。

詞、「変える、起きる」は母音語幹動詞です。また、動詞の変化のし方はとりあえず次のように整理することができます★。

11

基本形	子音語幹＋u	／　母音語幹＋ru	[語幹＋(r)u]
使役形	子音語幹＋aseru	／　母音語幹＋saseru	[語幹＋(s)aseru]
丁寧形	子音語幹＋imasu	／　母音語幹＋masu	[語幹★＋(i)masu]
命令形	子音語幹＋e	／　母音語幹＋ro	[語幹＋e/ro]
意向形	子音語幹＋oo	／　母音語幹＋yoo	[語幹＋(y)oo]

「子音語幹／母音語幹」と「五段活用／一段活用」は、「何に注目して変化のパターンを整理するか」という点が異なるだけで、どちらも日本語の動詞の変化に二つのパターンがあることをとらえていることにかわりはありません。実際、「子音語幹／母音語幹」にもとづく活用表と「五段活用／一段活用」にもとづく活用表の内容は完全に対応づけることが可能です。

例えば、「ラ行五段」の「ラ行」は子音語幹の末尾が -r であることに対応し、「五段」は語幹の後の要素が a、i、u、e、o で始まることに対応します。また、「ア行下一段」は語幹が e で終わることに対応します。次ページの12でそのことを確認してください。

★可能形は次のようになります。「子音語幹＋eru」（例：書ける kak-eru）、「母音語幹＋rareru」（ラ付き可能形、例：着られる ki-rareru）、「母音語幹＋reru」（ラ抜き可能形、例：着れる ki-reru）。ラ抜き可能形は、可能形のつくり方が「語幹＋(r)eru」に統一された結果できたものであることがわかります。

★丁寧形は、「（手紙を）書き」「（八時に）起き」のような形（連用形）に -masu がついたものと分析されることもあります。

12　五段活用／子音語幹（帰る）

A	B	C
かえ	ら	せる
かえ	り	ます
かえ	る	
かえ	れ	
かえ	ろ	う
：	：	：

（ラ行五段）

語幹	
kaer	aseru
kaer	imasu
kaer	u
kaer	e
kaer	oo
：	：

（子音語幹 -r）

一段活用／母音語幹（変える）

A	B	C
か	え	させる
か	え	ます
か	える	
か	えろ	
か	え	よう
：	：	：

（ア行下一段）

語幹	
kae	saseru
kae	masu
kae	ru
kae	ro
kae	yoo
：	：

（母音語幹 -e ）

また、子音語幹（五段活用）動詞の過去形には、「書く→書いた」「帰る→帰った」のように別系統の音が現れます。**音便**と呼ばれるこの現象も、「子音語幹」と「五段活用」とでは異なる位置づけがなされます。すなわち、「五段活用」ではB列（変化する部分）に音便が位置づけられますが、「子音語幹」では「語幹に二つの形をたてる」という形で音便が位置づけられることになります。

13
書く

A	B	C
か	か	せる
か	く	
:	:	
か	い	た
:	:	:

語幹

kak	aseru
kak	u
:	:
kai	ta
:	:

帰る

A	B	C
かえ	ら	せる
かえ	る	
:	:	
かえ	っ	た
:	:	:

語幹

kaer	aseru
kaer	u
:	:
kaet	ta
:	:

次に語幹の後の部分について考えましょう。語幹の後の部分は次の二つのタイプに分かれます。

Ⅰ　それ自体変化しないもの：基本形の -(r)u、命令の -e/-ro、意向の -(y)oo など。

Ⅱ　それ自体変化するもの　：使役の -(s)aseru、丁寧の -(i)masu など。

まず、Ⅰの「それ自体変化しないもの」は**活用語尾**といいます。基本形「切る、着る」、命令形「切れ、着ろ」、意向形「切ろう、着よう」、過去形「切った、着た」は、いずれも語幹に活用語尾のついたもの、すなわち活用形です。

一方、Ⅱの「それ自体変化するもの」はそれ自体で活用をするものです。例えば、使役の -(s)aseru は母音語幹動詞「馳せる」（語幹 hase-）と同じように変化します。「馳せる」が hase-ru と分析できるのと同じように、使役の -(s)aseru も -(s)ase-ru（語幹 -(s)ase-）と分析できるわけです。

14

基本形	切らせる	kir-**ase-ru**	着させる	ki-**sase-ru**
丁寧形	切らせます	kir-**ase-masu**	着させます	ki-**sase-masu**
命令形	切らせろ	kir-**ase-ro**	着させろ	ki-**sase-ro**
意向形	切らせよう	kir-**ase-yoo**	着させよう	ki-**sase-yoo**
過去形	切らせた	kir-**ase-ta**	着させた	ki-**sase-ta**
：	：	：	：	：

単独では使えないという以外は動詞と同じ性質を持つ -(s)aseru、-(i)masu★のような要素は**動詞的接辞**と呼ばれます。使役形「切らせる、着させる」、丁寧形「切ります、着ます」は、正確には、動詞の語幹に使役接辞 -(s)ase-ru、丁寧接辞 -(i)masu の基本形がついたものということになります。15でそのことを確認してください★。

★丁寧の -(i)masu も、「切りません」「切りましょう」のように、不規則ではあれ末尾が変化するので、動詞的接辞の一種とみなされます。

★このまとめ方は益岡隆志・田窪行則（一九九二）『基礎日本語文法（改訂版）』（くろしお出版）のまとめ方を基礎にしています。ただし、同書では、丁寧形は「連用形＋masu」と分析されています。

15

		動詞語幹	接辞語幹	活用語尾
基本形	切る	kir-		-u
使役形	切らせる	kir-	-ase-	-ru
丁寧形	切ります	kir-	-imas-	-u★
命令形	切れ	kir-		-e
意向形	切ろう	kir-		-oo
過去形	切った	kit-		-ta
:	:	:	:	:
基本形	着る	ki-		-ru
使役形	着させる	ki-	-sase-	-ru
丁寧形	着ます	ki-	-mas-	-u
命令形	着ろ	ki-		-ro
意向形	着よう	ki-		-yoo
過去形	着た	ki-		-ta
:	:	:	:	:

「子音語幹／母音語幹」の長所

「子音語幹／母音語幹」というとらえ方は「変化しない部分」に理論的基盤をおいたとらえ方です。したがって、先に見た「五段活用／一段活用」の問題点は「子音語幹／母音語幹」では解消されます。

★-(i)masu は不規則な変化をするので、厳密には、-(i)mas-u のようにきれいに分割できないのですが、ここでは便宜上このように分割しておきます。

まず、「一段活用」のB列は「イ段、エ段が一定して現れつつ、規則的に変化する」という、いかにも中途半端な部分でした。そのため、動詞によってはA列の部分がないということが起こりました。しかし、「母音語幹」では変化しない部分はすべて語幹に含まれるので、そのような問題は生じません。

16 着る

A	B	C
	き	させる
	き	ます
	きる	
	きろ	
	き	よう
	:	:

語幹

ki	saseru
ki	masu
ki	ru
ki	ro
ki	yoo
:	:

寝る

A	B	C
	ね	させる
	ね	ます
	ねる	
	ねろ	
	ね	よう
	:	:

語幹

ne	saseru
ne	masu
ne	ru
ne	ro
ne	yoo
:	:

また、先に「*く」「*す」といった動詞は存在しないことを述べましたが、「五段活用／一段活用」では、このことは「A列のない一段活用の動詞はあるが、A列のない五

段活用の動詞はない」という場当たり的な形でしか説明しかできません。しかし、「子音語幹／母音語幹」では、同じことを「子★音一つだけで語幹をつくることはない」という合理的な形で説明することができます。

17　書く

語幹	
kak	aseru
kak	imasu
kak	u
kak	e
kak	oo
:	:

着る

語幹	
ki	saseru
ki	masu
ki	ru
ki	ro
ki	yoo
:	:

＊く

語幹	
k	aseru
k	imasu
k	u
k	e
k	oo
:	:

このように、「子音語幹／母音語幹」にもとづくまとめ方は、「五段活用／一段活用」にもとづくまとめ方にはない長所を持っています。その意味では、「子音語幹／母音語幹」にもとづくまとめ方の方が合理的なまとめ方といえます。

★古典語には「す（為）」（する）、「く（来）」（来る）という動詞がありますが、いずれも不規則な変化をします。現代語でも「する」「来る」は不規則な変化をするため、「母音が最低一つは含まれる」という形で語幹を抜き出すことができません。

「五段活用／一段活用」の意義

では、「五段活用／一段活用」にもとづくまとめ方は誤りとして捨て去るべきなのでしょうか。確かに、「五段活用／一段活用」には先に見たような問題がありますし、そのことはきちんと理解しておく必要があります。しかし、「動詞の変化の中に五十音図の構造が潜んでいる」という見方自体は、動詞の変化に局所的に見られる規則性を実によくとらえていると思います。また、「五段活用／一段活用」は「変化する部分」に見られる規則性に注目したまとめ方ですから、五十音図さえ頭にしっかり入っていれば、動詞の変化のパターンそのものはむしろ「五段活用／一段活用」の方が頭に入りやすいかもしれません。

文法研究においては、ここで述べた活用表以外にも、いろんな種類の活用表が提案されています。★それらはそれぞれ理論的基盤が少しずつ異なっており、どれが理想の活用表かということは一概には決められません。しかし、どのような活用表であれ、その背後には必ず「ことばに潜む規則性を発見しよう」という努力があります。活用表を通じて私たちが理解すべきことはその努力です。文法教育において「活用」は重要な位置をしめますが、それは「ことばに潜む規則性」が最もわかりやすい形で見られるからです。「活用」について教える（教わる）際には、「ことばに潜む規則性を発見しようという努力の結果が活用表なのだ」ということをぜひ理解していただきたいと思います。

★例えば、鈴木重幸（一九七二）『日本語文法・形態論』（むぎ書房）の活用表をごらんください。

章末問題

問1　**1a**と**1b**の意味の違いを説明しなさい。また、そのような意味の違いが生ずる理由を「ハは話題提示を表す」という観点から説明しなさい。さらに、それを応用して**2a**が不自然な理由を説明しなさい。

1 a　太郎が来たらすぐ連絡する。
b　太郎は来たらすぐ連絡する。
2 a　*中国が広いので方言の数も多い。
b　中国は広いので方言の数も多い。

問2　料理名の実例をできるだけたくさん収集し、料理名のつくり方のパターンを分類しなさい。

問3　「昨日来た学生」「太郎が読んだ本」のような「名詞の内容を規定する要素＋名詞」の表現は、次のように文の一部が後ろに移動してつくられると考えられます。

1　学生が昨日来た　→　「□昨日来た」学生
2　太郎が本を読む　→　「太郎が□読む」本

1、**2**では、格助詞「が」「を」がついた名詞が移動していますが、その他の格助詞（に、で、と、から、へ、より、まで）についても同様の実験をおこない、どのような格助詞がついた名詞が移動可能かを調べなさい。

問4　次の文の「　」の中に「の」と「こと」のどちらが入るか考えなさい。また、この種の「の」「こと」が用いられた文の例を実際の文章からたくさん集めて、「の」と「こと」がどのように使い分けられているかを考えなさい。

1 娘がピアノをひいている［　　］をそばで聞いていた。
2 全員が参加する［　　］を希望します。
3 雨がやむ［　　］を待つ。
4 太郎が来る［　　］を知らせる。
5 泥棒が逃げる［　　］をつかまえた。
6 東京に転勤する［　　］を命ずる。

問5 「ア行上一段活用」「ア行下一段活用」の動詞はありますが（例：（「存在する」の意の）いる、老いる、燃える、変える）、「ア行五段活用」の動詞はありません（「買う」「会う」は「ワ行五段活用」です）。このことを「子音語幹／母音語幹」の立場から説明しなさい。

問6 国語辞典にのっている現代語の活用表と、古語辞典にのっている古典語の活用を比較して、日本語の動詞の活用パターンがどのように変化したのかを考えなさい。

第三章

文の「構造」を考える

Q7 日本語の文ってどのようにできているんですか？

文は「句のつみかさね」

文が発されるときには、言語要素が時間の流れにそって並べられます。

1　大きな荷物が届く。

2　太郎が図書館で古い資料を丹念に調べる。

しかし、文は単なる言語要素の連続ではありません。例えば、1の文では、「大きな」が「荷物」の性質を規定する働きをしています。また、「が」は「大きな荷物」全体を動詞「届く」と結びつける働きをしています。つまり、1は3aのような階層構造を持つのであり、3bのような構造を持つのではないということです。★

3　a

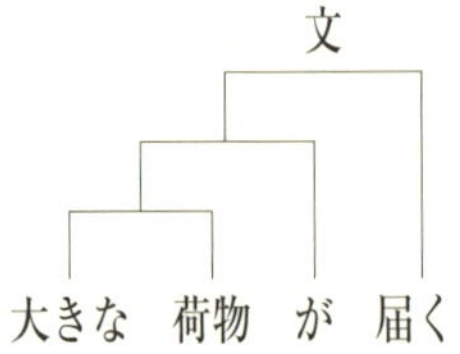

b

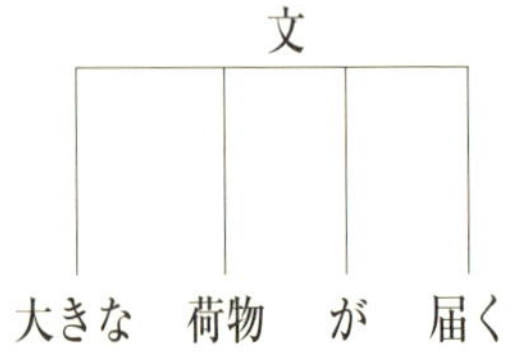

★3のような図を「樹形図」といいます。

文というものは、このように、要素と要素が組み合わさって**句**（フレーズ）をつくり、句と句が組み合わさって大きな句をつくり、それらが組み合わさってさらに大きな句をつくり…というように、「句をつくる」ことのつみかさねによってつくられます。これは2のようなより複雑な文についても同じです。

4

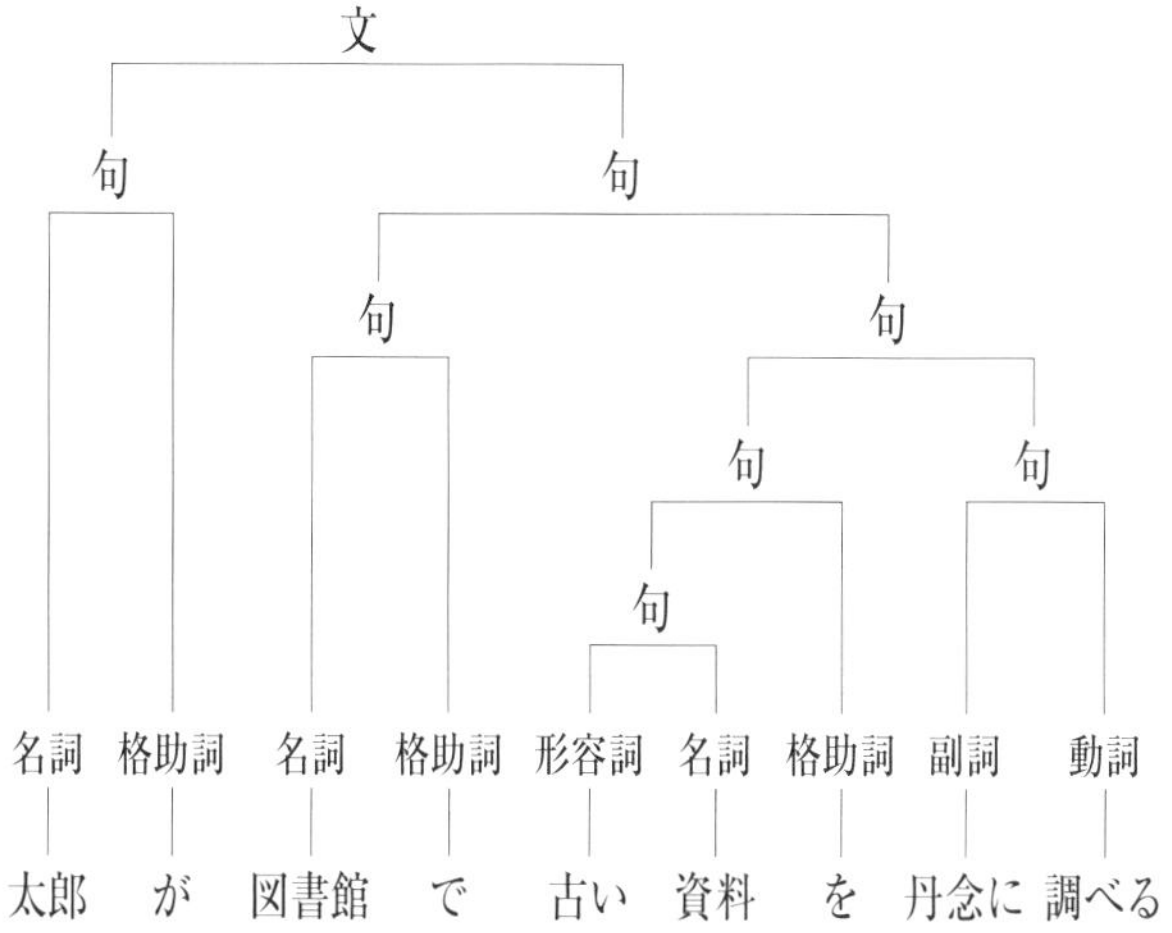

「日本語の文はどのようにできているか」というのも、つまるところは「日本語では句はどのようにつくられるか」ということです。以下、基本概念について整理しながら、日本語の句のつくり方を見ていくことにしましょう。

句の構造——主要部・補足部・修飾部——

句は二つの要素X、Yが結びついてできます。

5

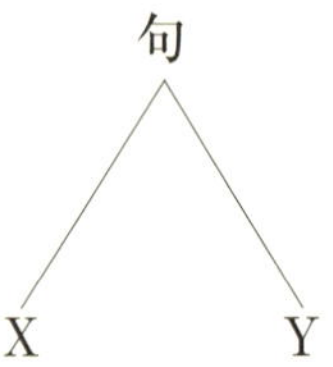

この場合、XとYは対等の立場で結びついているわけではありません。通常、XとYは、一方が「主」で、もう一方が「従」という関係にあります。「主」の要素のことを**主要部**★といいます。

主要部とは「句の基本的な性質を決定する要素」のことです。例えば、形容詞「古い」と名詞「資料」が結びついた句「古い資料」は、全体★としては名詞相当の句(名詞句)になります。名詞「資料」が主要部(主名詞)として句全体の性質を決定しているわけ

★英語では head といいます。

★「古い資料」が全体として名詞相当の句であることは、「「資料」を調べる」の「資料」を「古い資料」に置き換えて「「古い資料」を調べる」とすることができることからもわかります。

です。また、副詞「丹念に」と動詞「調べる」が結びついた「丹念に調べる」も、「丹念に」は動作の様態を規定するだけで、句全体としては動作を表しますから、動詞「調べる」を主要部とする動詞句です。

「古い資料」「丹念に調べる」の場合、「古い」「丹念に」は、主要部「資料」「調べる」におまけの情報(付加情報)をつけたしているだけで、句をつくる上で必須の要素ではありません。実際、「古い」「丹念に」がなくても、「太郎が資料を調べる」だけで十分に文として成立します。このように「主要部に付加要素をつけたす」ことを**修飾**といいます。「古い資料」の「古い」は名詞修飾部(連体修飾部)、「丹念に調べる」の「丹念に」は述語修飾部(連用修飾部)です。★ 図では主要部は太字で、修飾部は( )で囲んで示すことにします。

6

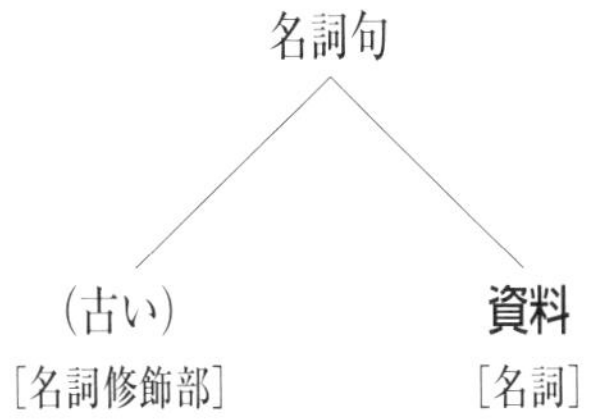

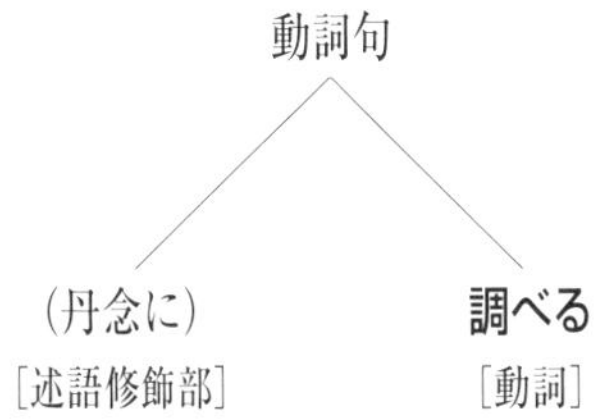

★「連体修飾(部)」「連用修飾(部)」という用語は、日本の伝統的な文法研究で名詞のことを「体言」、述語のことを「用言」と呼ぶことに由来します。

句のつくり方にはもう一つのタイプがあります。それは「主要部が設定する枠に要素をうめる」というものです。これを**補足**または**補充**といいます。例えば、「太郎が」という句は、格助詞★「が」が設定する枠「――(名詞句)が」に名詞「太郎」を補充することによってつくられます。「図書館で」「古い資料を」についても同じです。図では補足部は｛ ｝で囲むことにします。

7

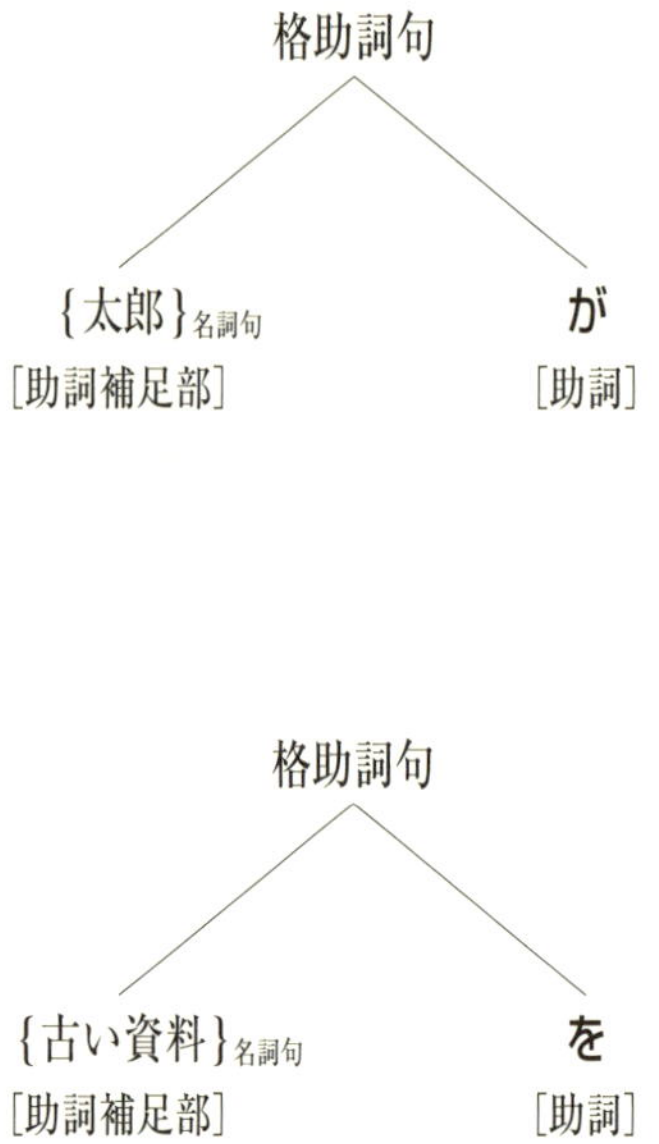

この場合、名詞と格助詞が結びついた「太郎が」「図書館で」「古い資料を」は、全体として名詞相当の句になるわけでも、格助詞相当の句になるわけでもありません。しかし、格助詞は「名詞を補足部としてとり、かつその名詞とともに述語と結びつく」という性質を持ち、その「述語と結びつく」という性質は「太郎が」「図書館で」「古い資料

★「格助詞」とは「名詞が述語とどのような関係にあるか」をあらわす助詞です。例えば、「太郎が本を読む」の場合、「が」は、「太郎」と「読む」が「主語(主体)―述語(動作)」という関係にあることを表しています。同じように、「を」は、「本」と「読む」が「目的語(対象)―述語(動作)」という関係にあることを表しています。「も」「しか」などの「とりたて助詞」が、「太郎も行く(他の人も行く)」、「太郎しか来なかった(他の人は来なかった)」のように「同類の他の要素との関係」を表すのと比較してください。

を」という句全体に引き継がれます。よって、ここでは主要部は格助詞「が」「で」「を」であると考えます。7で「格助詞句★」という名称を用いたのもそのためです。「が」を主要部とする句は「ガ格助詞句」(略して「ガ格句」)、「を」を主要部とする句は「ヲ格助詞句」(略して「ヲ格句」)と呼ぶことにします。

格助詞句★には二つのタイプがあります。一つは述語と補足の関係にある「補足格助詞句」、もう一つは述語と修飾の関係にある「修飾格助詞句」です。

補足格助詞句★は、述語が表すことがらが成立するために不可欠な事物を表す格助詞句、いわば述語の基本文型を構成する格助詞句です。「太郎が図書館で資料を調べる」では、「太郎が」「資料を」が補足格助詞句★です。「調べる」が次の8のような基本枠を設定し、「太郎が」「資料を」がそれをうめるわけです。

8

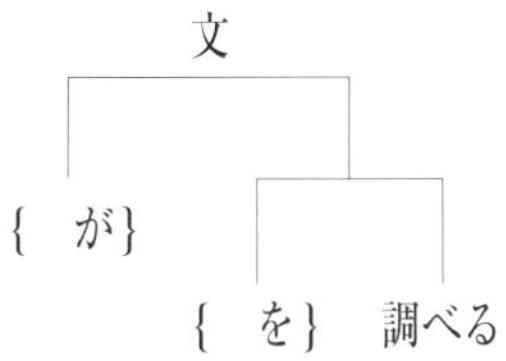

一方、修飾★格助詞句は、場所、時、様態、手段、同伴者などの付加的情報を表す格助

★「格助詞(句)」は「後置詞(句)」とも呼ばれます。これは英文法で in Tokyo の in を「前置詞」、in Tokyo 全体を「前置詞句」と呼ぶのを応用したものです。

★格助詞句は「補語(補足語)」とも呼ばれます。「格助詞句」が「格助詞を主要部とする句である」ことに注目した用語なのに対し、「補語(補足語)」は「文の中心である述語と文法的・意味的に結びつく要素である」ということに注目した用語です。

★「必須補語」「必須成分」「項(argument)」とも呼ばれます。

★「雪が降る、資料を調べる、花子に本をあげる、東京に行く、人と会う」も補足格助詞句です。いずれも述語が表すことがらにとって必要なものを表します。

★「副次補語」「随意成分」「付加詞(adjunct)」とも呼ばれます。

詞句です。「八時に出発する」「裸足で歩く」「ナイフで切る」「妻と散歩する」★はいずれも修飾格助詞句です。「太郎が図書館で古い資料を丹念に調べる」では「図書館で」が修飾格助詞句ということになります。

以上述べたことをふまえて、「太郎が図書館で資料を調べる」という文のつくり方をまとめると次のようになります。

9

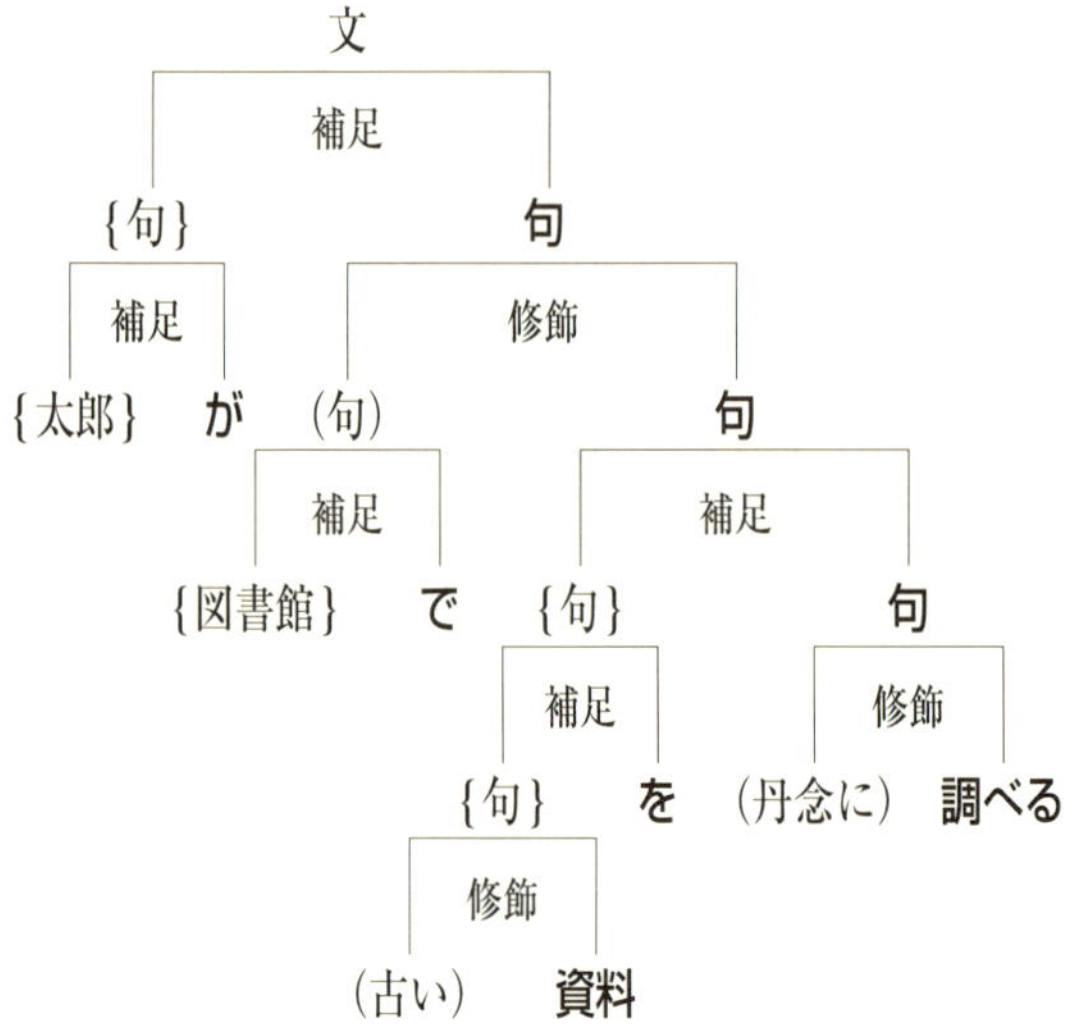

★「人と会う」の「人と」は動作の相手を表す補足格助詞句ですが、「妻と(いっしょに)散歩する」の「妻と」は同伴者をあらわす修飾格助詞句です。「といっしょに」に言い換えられるのは後者だけです。実際、「人といっしょに会う」は「人(同伴者)といっしょに誰か(相手)と会う」という意味になります。

日本語は「主要部後置」の言語

さて、句の基本的なデザインを決める重要なポイントに「主要部前置／主要部後置」ということがあります。二つの要素が結びついて句をつくるときに、主要部が前にくるのが「主要部前置」、主要部が後にくるのが「主要部後置」です。

日本語は主要部後置の言語です。9を見ても、主要部後置という原理のもとで句をつくることをつみかさねていることがわかります。英語は部分的に主要部後置ですが、基本的には主要部前置の言語といえます。

10

	日本語	英語	
a	本を**読む**	**read** a book	（補足）
b	図書館**で**	**at** the library	（補足）
c	速く**走る**	**run** fast	（修飾）
d	東京で**働く**	**work** in Tokyo	（修飾）
e	私が読んだ**本**	**the book** which I read	（修飾）
f	大きな**山**	big **mountain**	（修飾）
g	3冊の**本**	three **books**	（修飾）

次★のような例では、主要部前置の英語と主要部後置の日本語の違いがはっきりとあらわれます。

★「マザー・グース」の歌の中の一節です。

11★

a

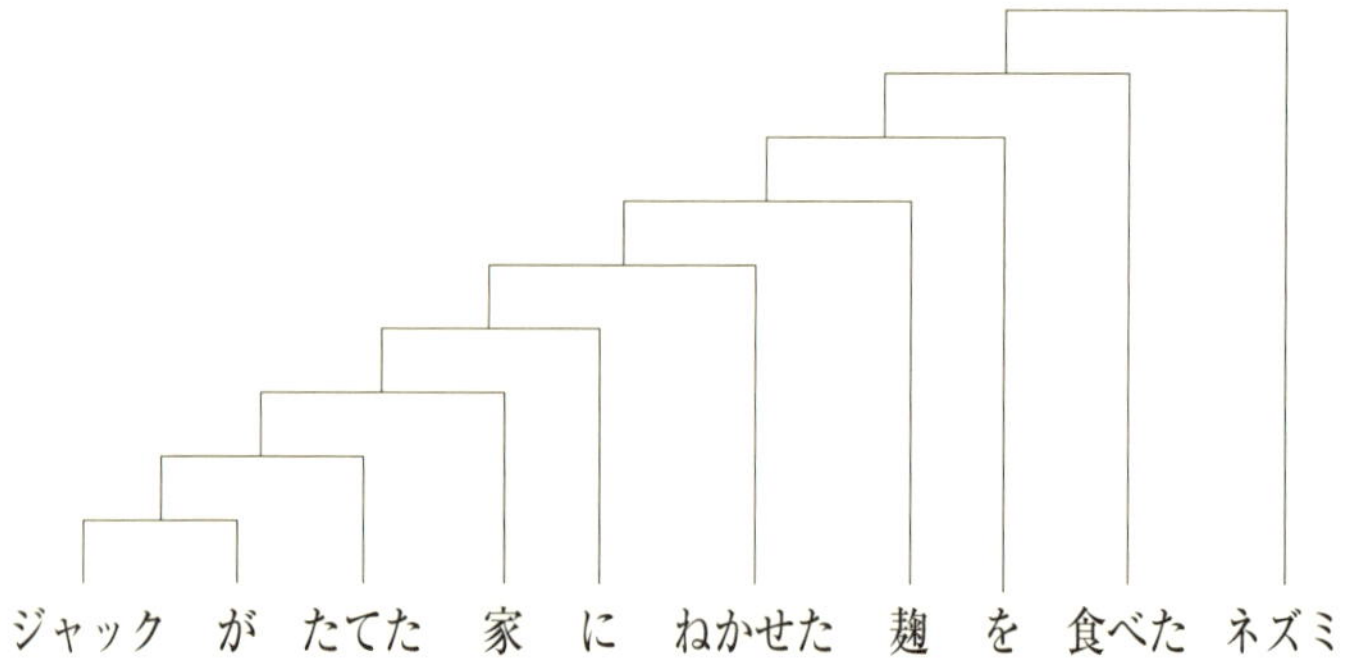

b

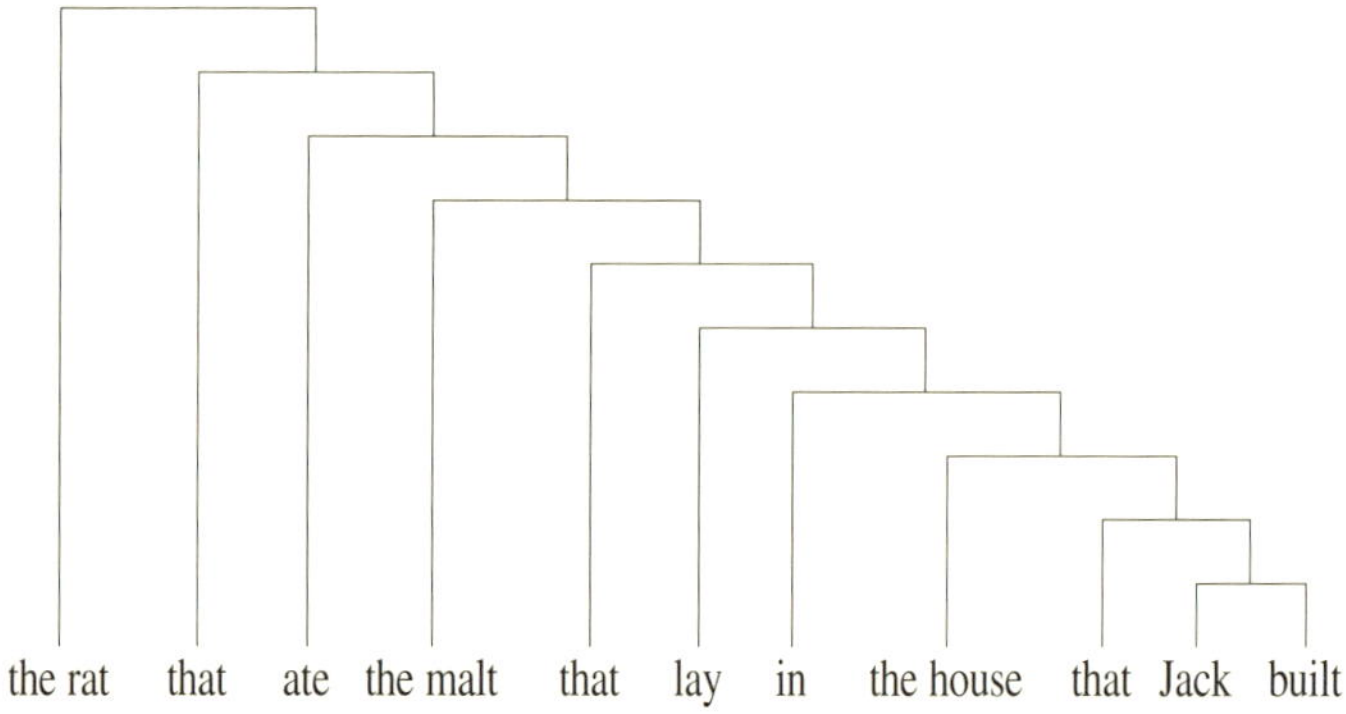

中国語は「補足のときは主要部前置、修飾のときは主要部後置」という少し変則的なパターンをとります。

★aのような構造は「左枝分かれ (left-branching) 構造」、bのような構造は「右枝分かれ (right-branching) 構造」といいます。

12

	日本語	中国語	
a	本を**読む**	**看**《みる》書《本》	（補足）
b	図書館**で**	**在**《で》図書館	（補足）
c	東京で**働く**	在《で》東京**工作**《働く》	（修飾）
d	私が読んだ**本**	我看的**書**	（修飾）

主要部前置と主要部後置が混在することは時に不都合をもたらします。中国語では、動詞は目的語の前（主要部前置）、主名詞は名詞修飾部の後（主要部後置）に置かれます。そのため、日本語の「自転車を盗んだ教師をつかまえた学生を殴った警官を見つける」を中国語に直訳すると、次のような複雑な構造になってしまいます。

13★ 找到《見つける》［揍《なぐる》［抓住《つかまえた》［偸《盗む》自《自》行《転》車《車》］的 教師］的 学生］的 警官

この文の複雑さは次のような図で表すとより明確になるでしょう（話を簡単にするために、図では名詞修飾部と名詞とをつなぐ「的」は省きます）。

★木村英樹（一九九六）『中国語はじめの一歩』（ちくま新書）四二ページより。

14

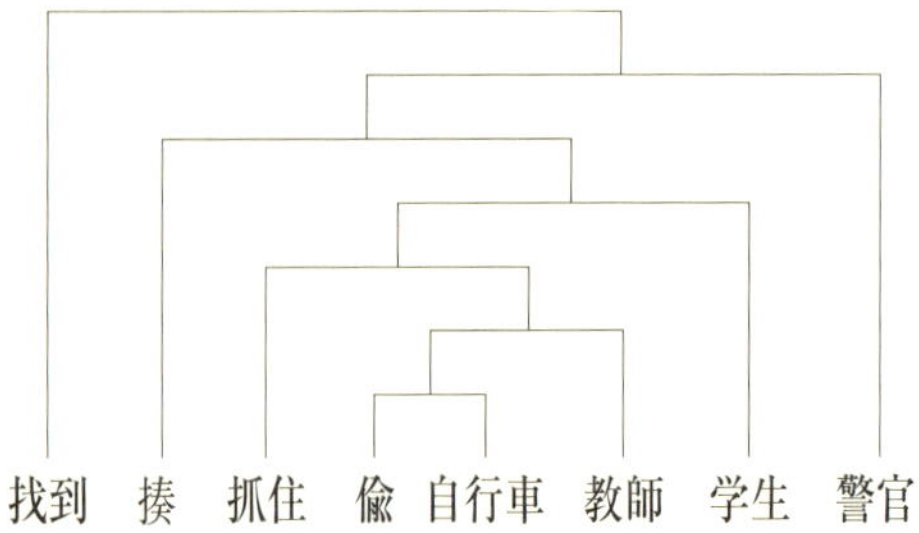

13は、日本語の15bと同様、たいへん理解しにくい構造★です。

15★ a [[三郎が買った]本を二郎が貸した]友だちを一郎が探している。

b 一郎が[二郎が[三郎が買った]本を貸した]友だちを探している。

このような事情もあって、中国語では名詞修飾部を重層的につみかさねる構造は避け

★「自己埋め込み(self-embedding)構造」、「中央埋め込み(center-embedding)構造」といいます。

★柴谷方良・影山太郎・田守育啓(一九八二)『言語の分析—理論と分析—意味・統語篇—』(くろしお出版)より

られ、「二郎が三郎が買った本を友だちに貸した。（そして）一郎がその友だちを探している」のように、短い文に分けて述べることになります。句の基本デザインが文章の構成にも影響を与えるわけです。

Q8、Q9も読んでください

さて、「日本語の文はこのようにできている」ということを述べたところで、みなさんにお願いです。そのお願いとは「ここで『なるほど』と思わないで、Q8、Q9も読んでください」ということです。

Q8、Q9ではいろいろな角度から文の構造について考えます。そして、ここに述べた文の構造だけが「文の構造」に関する可能な解釈ではないことを見ていくことになります。本章の目的は文の構造を考えることにあります。これから、いろいろな観点から文の構造について考えることにしましょう。

Q8 国語の授業で習った「文節」って何ですか？

学校文法では、Q7で述べたやり方とは少し異なるやり方で文の構造を説明します。そのキーワードが「文節」です。「太郎が家でゆっくり休んだ」のような文を「文節」に分けろと言われて、「太郎がネ、家でネ、ゆっくりとネ…」のようにやったことを覚えておられる方もいらっしゃるでしょう。

この「文節」という考え方については、入門書や概説書で問題点が指摘されることが少なくありません。しかし、「文節」には文の構造について考える上でたいへん重要なポイントが含まれています。以下では、このことを念頭に置きながら、「文節」について少し考えてみることにしましょう。

「文節」とは何か

「太郎が家でゆっくり休んだ」という文をいくつかに区切って読んでみてください。おそらく、次のような区切り方になると思います。

1　―太郎が―家で―ゆっくり―休んだ―。

「太郎が」「家で」「休んだ」は、それぞれ「太郎―が」「家―で」「休ん―だ」のように分けて考えることができますが、発音する際には「太郎が」「家で」「休んだ」がそれぞれ一つの緊密なまとまりをつくります。そのようなまとまりを**文節**★と呼びます。日本語は語順の入れ換えが比較的自由だといわれますが、これは正確には「文節★の順序の入れ換えが比較的自由」というべきものです。

2a　―太郎が―家で―ゆっくり―休んだ―。

b　―太郎が―ゆっくり―家で―休んだ―。

★「文を実際の言語としてできるだけ多く句切った最も短い一句切」というのが一応の定義です。「私はデスネ、今回のデスネ、選挙の結果はデスネ、日本のデスネ、将来をデスネ、考える上でデスネ」のような、発話の途中で切れ目をつくる語(間投助詞)を挿入できるのも文節と文節の間だけです。

★ただし、「太郎が」「家で」「休んだ」をそれぞれ「一つの語」と考えれば、「語順の入れ換えが比較的自由」でよいことになります。このような考え方については後で述べます。

「文節」というまとまりは一般に次のようにできています。

3　文節＝自立語（＋付属語×n）★

「自立語」とは単独で使える語、「付属語」とは単独で使えない（自立語の後につけて使われる）語のことだと思ってください。1でいえば、「太郎」「家」「ゆっくり」「休む」が自立語、「—が」「—で」「—た（—だ）」が付属語★にあたります。

「文節」にもとづく分析では、語が組み合わさって「文節」をつくり、その「文節」が文の構成単位となって「連文節」をつくりながら文が構成されると分析されます。つまり、文とはあくまで「文節と文節の組み合わせ」であり、語は「文節の構成要素」でしかないというわけです。

4

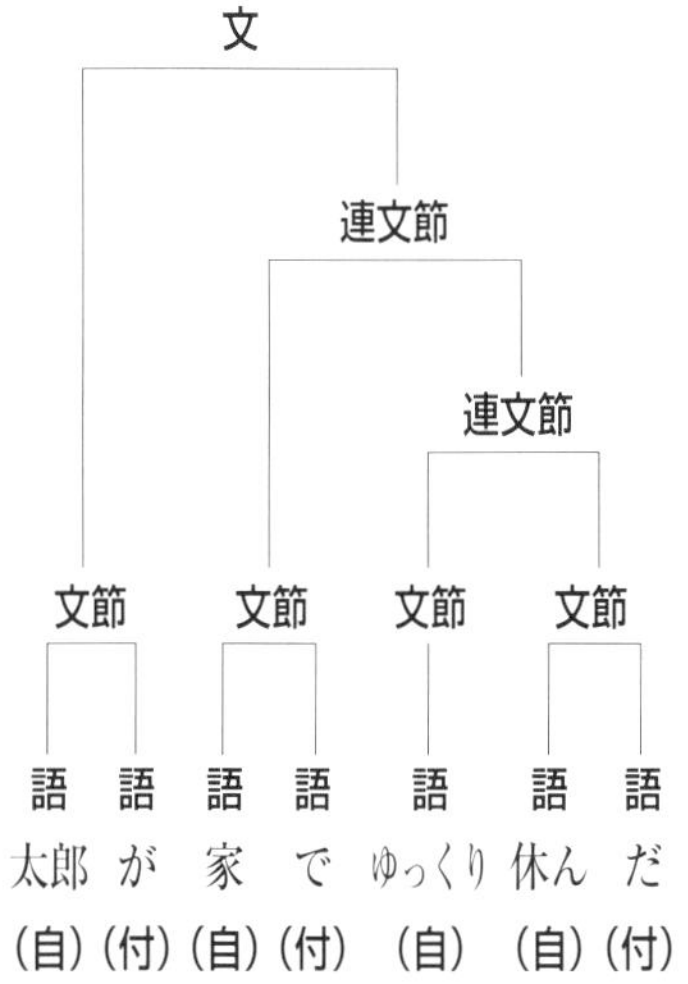

★（　）は「あってもなくてもよい」「あることもあれば、ないこともある」という随意の要素を表します。3は「文節」に「自立語だけからなるもの」「自立語と一つの付属語からなるもの」「自立語と複数の付属語からなるもの」の三つが可能であることを表しています。「東京には」「東京でも」は第三のケースです。

★実際、「太郎！」と言って人を呼んだり、「ゆっくり！」と言って人に指示を与えることはありますが、助詞の「が」や「で」だけを「*が！」「*で！」と言うことはありません。

「文節」の理論的意味合い

「文節」にもとづく分析の理論的な意味合いについてもう少し考えましょう。

言語学では「意味を持つ最小単位」のことを**形態素**★といい、語の内部構造（どのような形態素が結びついて語ができているか）を考える分野を**形態論**といいます。また、文の内部構造（文の構成単位がどのように組み合わされて文ができるか）を考える分野を**統語論（構文論）**といいます。

常識的な見方では、文とは「語と語の組み合わせ」ですが、これは語を統語論的単位と考えるということにほかなりません。

5

統語論　**形態論**

文　（句）　語　形態素

一方、「文節」にもとづく分析では、文とは「文節と文節の組み合わせ」です。あくまで「文節」が統語論的単位であり、語は「文節の構成要素」でしかありません。この結果、形態論、統語論とは別のもう一つのシステム（仮に「文節論」と呼びましょう）があることになります。3であげた「文節＝自立語（＋付属語×n）」という図式は「文節論における基本原理」ということになります。統語論、形態論とは別に「文節論」というレベルを設ける――これが「文節」にもとづく分析のエッセンスなのです。

★例えば、「日本人」という語は「日本」「人」という二つの形態素からなります。「大きさ」も「大き」「さ」という二つの形態素からなります。

6

統語論	文節論	形態論
文（連文節） 文節	語	形態素

このような見方をとるのにはわけがあります。「太郎が家でゆっくり休む」という文において、「ゆっくり」には「動作の様態があわただしくない」という内容を表すとともに、「動詞の修飾部となる」という文法的機能があります。同じように、「太郎—が」「家—で」はそれぞれ「動詞の補足部（動作の主体）となる」「動詞の修飾部（動作の場所）となる」という文法的機能を持ちます。

この場合、「動詞の補足部（修飾部）となる」という機能は「太郎—が」「家—で」というまとまりが持つ機能であって、「太郎」「家」という名詞が単独で持つ機能ではありません。「太郎」「家」は、ある特定の人物、ある特定のタイプの建築物を指示する機能を持つだけです。また、「休ん—だ」も、ひとまとまりで「文中で述語として機能する」という文法的機能を担うのであり、「休ん」の部分は動作の内容を表すにすぎません。

「文節」が文の構成単位であり、語は「文節」の構成要素にすぎないと考える背景には、文中での文法的機能は「文節」を単位にして与えられるものである（「文節」以下の要素に与えられるものではない）という考え方があるわけです。

7

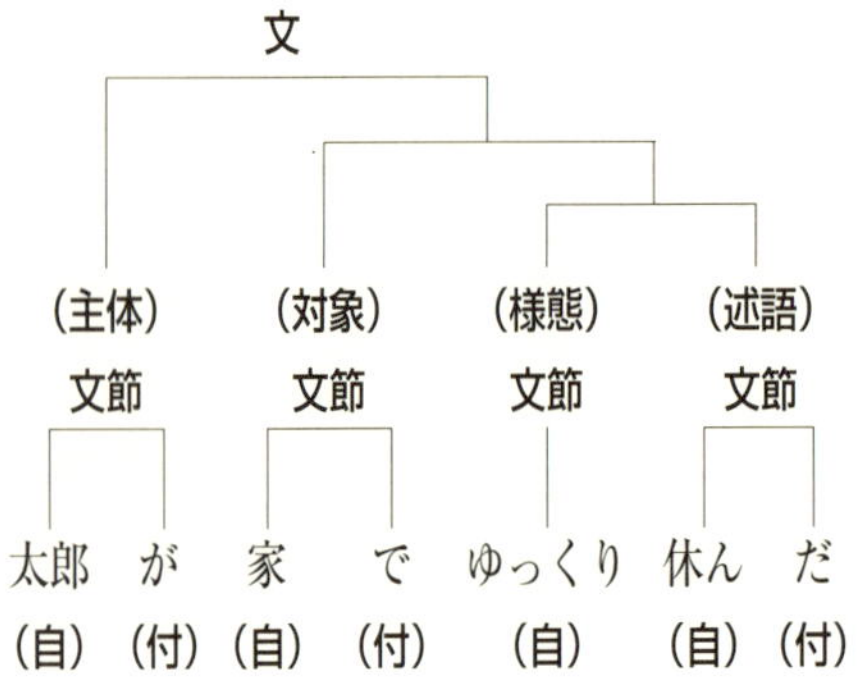

「文節」というと、「太郎がネ、家でネ、ゆっくりとネ…」のように文を区切ることにばかり注意が向きがちですが、その背後にはけっこう重要な主張があるのです。

「文節」の問題点（その二）――「句構造」の立場から――

「文節」にもとづく分析について大まかに見たところで、次にその問題点★について見ていきます。

「文法の本を読む」の構造を考えてみましょう。Q7で述べた分析――「句構造」にも

★「文を実際の言語としてできるだけ多く句切った最も短い一句切」という定義のあいまいさについては、町田健（二〇〇〇）『日本語のしくみがわかる本』（研究社）でも述べられているので、ここではふれません。

とづく分析と呼びましょう――では、この文の構造は8aのように分析されます。一方、「文節」にもとづく分析では、「文法の」「本を」「読む」という三つの文節に区切った上で文の構造を分析しますから、8bのような構造を考えることになります。

8 a

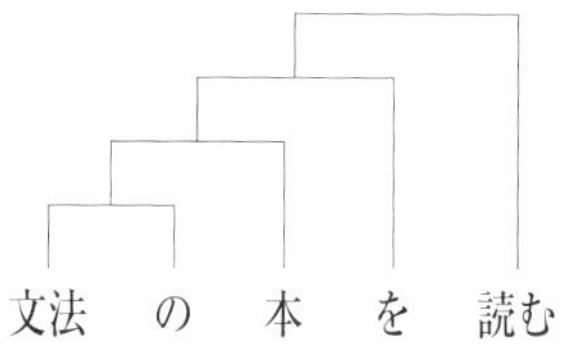

b

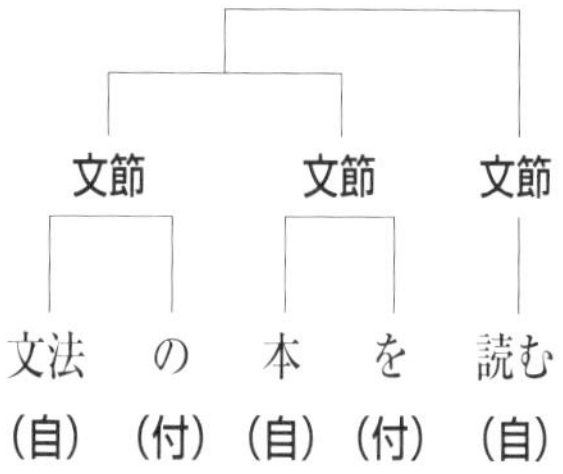

どちらがより自然な分析でしょうか。直感的に考えれば、「文法の本を」の「文法の」は「本」の内容を規定する部分ですから、「文法の本を」は8aのように「文法の本」というまとまりに「を」がついたものと考える方が自然です。しかし、「文節」にもとづく分析では、まず「文法の」「本を」と区切ってしまうために、文節以下の要素の関係が自然な形で表現できません。次の例についても同じです。

9a おもしろい本だ。

b　たぶん本だ。

「おもしろい本だ」と「たぶん本だ」とでは構造が大きく違います。「たぶん本だ」は、「本だ」という判断を「たぶん」という形でおこなっていることを表しますから、「たぶん」「本だ」と分けることは自然です。しかし、「おもしろい本だ」は、先の「文法の本を」同様、「おもしろい本」全体に「だ」がついたものと考えるのが自然です。句構造にもとづく分析ではこの違いが自然に表現できます。

10　a

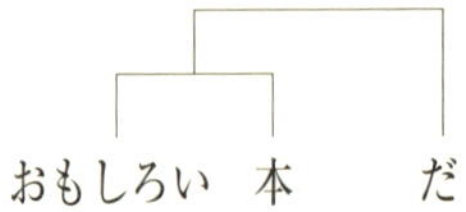

b

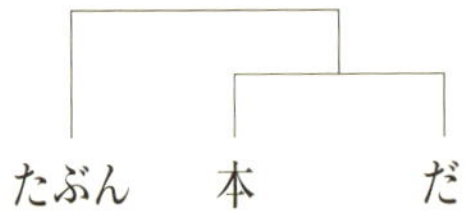

しかし、「文節」を文の構成単位とする分析では、これらは「おもしろい」「本だ」、「たぶん」「本だ」という同じ構造を持つことになってしまいます。やはり、「文節」にもとづく分析では文節以下の要素の関係がうまく表現できないのです。

11

a

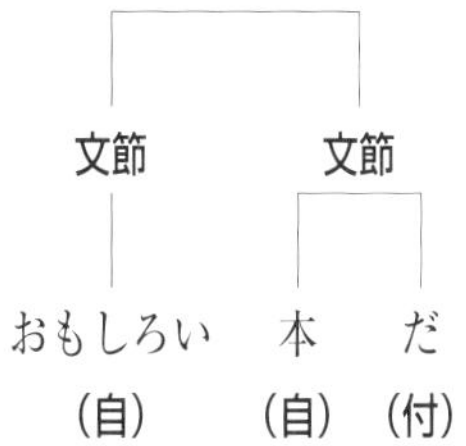

b

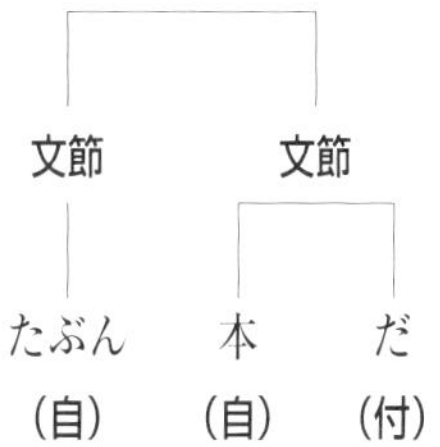

次のような例も問題になります。

12　二郎にすぐに返事を書かせる。

12は二つの解釈が可能です。

解釈1：「すぐに返事を書く」ということを二郎にさせる。（＝「すぐに書きなさい」と指示する）

解釈2：「二郎に返事を書かせる」ということを「すぐに」おこなう。（＝「書きなさい」とすぐに指示する）

句構造にもとづく分析では、使役文が持つこのような二義性★を、文の構造の違いとして説明することができます。13aは「すぐに」が「返事を書く」の部分だけを修飾するという構造、13bは「すぐに」が「返事を書かせる」全体を修飾するという構造です。

★「二つの意味にとれること」です。ちなみに、言語学で「あいまい」という語は、「ぼんやりしている」(vague)ではなく、「複数の意味にとれる」(ambiguous)という意味で用いられますので注意してください。

13aは解釈1、13bは解釈2になります。

13　a

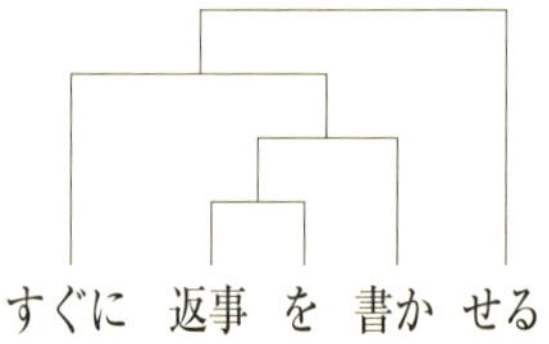

b★

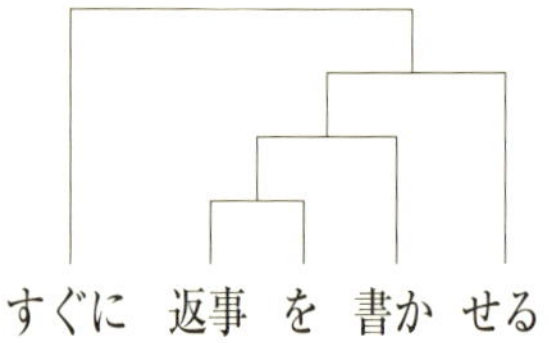

一方、「文節」にもとづく分析では、「すぐに返事を書かせる」は次のような構造を持つとしか分析できません。そのため、12の二義性を文の構造の違いとして説明することができません。

14

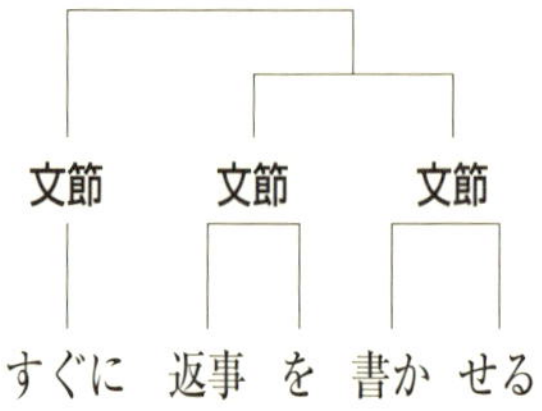

★Q6では使役を表す「-(s)aseru」は動詞的接辞としましたが、ここでは「-(s)aseru」をあたかも一つの語のように扱っています。この点についてはのちほど述べます。

結局のところ、「文節」にもとづく分析の問題点は、「自立語+付属語」というまとまりを文の構成単位と考えるために、文節以下の要素の関係が必ずしもうまく説明できない点にあります。文節以下の要素の関係をうまく説明するためには、「文節」ではなく、文節以下の要素――「文節」にもとづく分析でいうところの「語」――を文の構成単位とすることが必要なのです。当然、統語論と形態論の間の「文節論」なるシステムも廃棄すべきだということになります。

「文節」の問題点(その二)――「単語=文の構成単位」の立場から――

「文節」にもとづく分析に対しては、「句構造」にもとづく分析とは別の立場からの反論もあります。その立場とは、「太郎が」「家で」のようなまとまりを〈単語〉★としてとらえる立場★です。これは西欧の言語学における伝統的な分析のし方にもとづくものです。

15 Filia agricolae dat puellis columbas. (ラテン語)

Filia	agricolae	dat	puellis	columbas.
娘が	農夫の	与える	少女(複数)に	鳩(複数)を

(農夫の娘が少女たちに鳩を与える)

この場合、filia(娘が)、agricolae(農夫の)、puellis(少女たちに)、columbas(鳩を)はそれぞれ〈単語〉です。そして、これらの〈単語〉は、「娘」「農夫」「少女」「鳩」という

★自立語・付属語という場合の「語」と区別するために〈単語〉とします。

★このような立場については、鈴木重幸(一九七九)『文法と文法指導』(むぎ書房)、鈴木重幸(一九九六)『形態論・序説』(むぎ書房)、森岡健二(一九八八)『文法の記述』(明治書院)、仁田義雄(二〇〇〇)「単語と単語の間」(『日本語の文法1:文の骨格』、岩波書店)、村木新次郎(二〇〇〇)「格」(同書)をごらんください。

事物を指すと同時に、語尾の変化により「単数・主格」「単数・属格」「複数・与格」「複数・対格」という文★法的機能を担う単位になっています。事物の内容を指す機能と文中での文法的機能をあわせもつものが〈単語〉として文の構成単位になっているわけです。このような見方にもとづく分析を「単語＝文の構成単位」にもとづく分析と呼ぶことにしましょう。

「単語＝文の構成単位」にもとづく分析では、「太郎が家でゆっくり休んだ」という文は四つの〈単語〉からなると分析されます。この場合、「太郎」「―が」「家」「―で」「休ん」「―だ」はそれぞれ〈単語〉を構成する形態素と分析されます。

16　**（主語）　（状況語）　（修飾語）　（述語）**

―太郎―が―家―で―ゆっくり―休ん―だ―。

「文節」にもとづく分析では、「太郎」「家」のような名詞は事物の内容を表すだけで、文中での文法的機能はもっぱら格助詞「―が」「―で」が担うと分析されますが、「単語＝文の構成単位」の立場では、名詞も「文中で述語と結びつく」という文法的な機能を持つと考えます。そして、動詞が「休む、休もう、休め、休んだ…」のように変化して文中で述語として機能するのと同じように、名詞も「太郎が、太郎を、太郎に…」のように変化して文中で述語と結びつくと考えます。「―が」「―で」などのいわゆる格助詞も〈単語〉を構成する形態素の一種として分析されることになります。★

★「主格」「属格」「与格」「対格」は、それぞれ「〜が」「〜の」「〜に」「〜を」にあたる意味を表す形です。

★ただし、「休ん―だ」の結びつきに比べ、「太郎―が」「家―で」の結びつきが弱いことも事実です。「休ん―」「―た」はともに自立した形式とはいえませんが、「太郎」「家」は一応自立した形式ではあるからです。「太郎が」「家で」「休んだ」を一語と見る立場でも、「―た」は語尾、「―が」「―で」は「膠着的な接尾辞」として区別されます。鈴木重幸（一九九六）『形態論・序説』（むぎ書房）をごらんください。

この結果できる区切り方は「文節」にもとづく区切り方とほぼ同じものになります。「単語＝文の構成単位」の立場においては、文の構成単位としての「文節」という単位をたてる必然性はないわけです。

また、「文節」にもとづく分析では「太郎が」「太郎で」の「―が」「―で」や「書かせる」の「―せる」も「語」として扱われますが、「単語＝文の構成単位」の立場にしてみれば、これは、形態素にすぎないものを「語」として扱う（それゆえ、自立語と付属語というまったく性質の異なるものを同じ「語」として認めざるをえなくなる）という点で不適切だということになります。当然、統語論と形態論の間に「文節論」のようなレベルを考えることは、〈単語〉のつくり方の問題――すなわち形態論の問題――を「文節論」という別のレベルの問題にすりかえたものとして否定されることになります。

「単語＝文の構成単位」の立場にとっては、「句構造」にもとづく分析は、「文節」にもとづく分析よりもさらに不適切ということになります。「文節」にもとづく分析では、「太郎が」「太郎で」の「―が」「―で」や「書かせる」の「―せる」は、「語」扱いされるとはいえ、せいぜい「文節」の構成要素でしかなく、「―が」「―で」「―せる」が文の構成単位（統語論的単位）として扱われることはありません。しかし、「句構造」にもとづく分析では「―が」「―で」や「―せる」が一つの独立した統語論的単位として扱われます。★「単語＝文の構成単位」の立場から見れば、これは形態素にすぎないものを統語論的単位とする「形態素主義の統語論」を考えることにほかなりません。

★あらためて8と13を見てください。

17　形態素主義の統語論

統語論

文　（句）　形態素

「形態素主義の統語論」でも、「大きさを｜はかる」の「さ」や「お｜弁当を食べる」の「お」のような形態素までを統語論的単位として扱うことはありません。しかし、「単語＝文の構成単位」の立場からすれば、「太郎が」「太郎で」の「―が」「―で」や「書かせる」の「―せる」を一つの統語論的単位と考えることは、本質的にこれに類することをやっていることになるわけです。

先に述べた「文節」に対する「句構造」の立場からの反論も、「単語＝文の構成単位」の立場にとっては、文の構造の問題でないことがらを文の構造の問題にすりかえた議論ということになります。「文法の｜本を｜読む」（「｜」は〈単語〉の切れ目）における「文法」と「本」の関係、「二郎に｜すぐに｜返事を｜書かせる」における「すぐに」と「―せる」の関係といった、〈単語〉以下の要素どうしの（または〈単語〉以下の要素と〈単語〉との）意味的関係を文の構造のレベルで表示することは、17のような図式を考えることにほかならないからです。当然、「文法の本を」の「文法」が意味的には「本」だけと結びつくこと、また「書かせる」が「書く」と「（書くことを）させる」という二つのことがらからなることも、文の構造とは別のレベル（例えば文の「意味構造」のレベル）で表示すべきことがらということになります。

一種の折衷案としての「文節」

話が少しややこしくなってきました。頭の中を整理するために、「大きさをはからせる」という文を使って、ここまで出てきた三つの文構造のとらえ方を示します。それぞれどこが似ていてどこが違うか考えてみてください。

18 「句構造」にもとづく分析

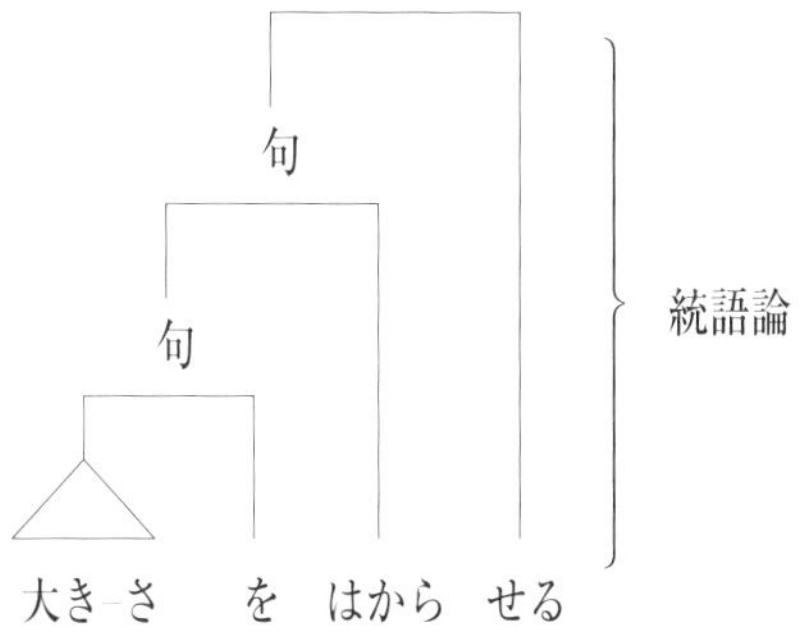

19 「文節」にもとづく分析

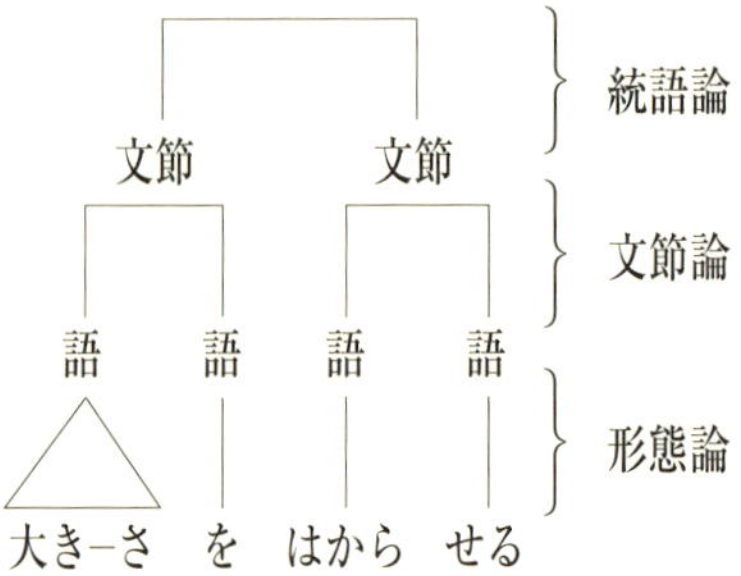

20 「単語＝文の構成単位」にもとづく分析

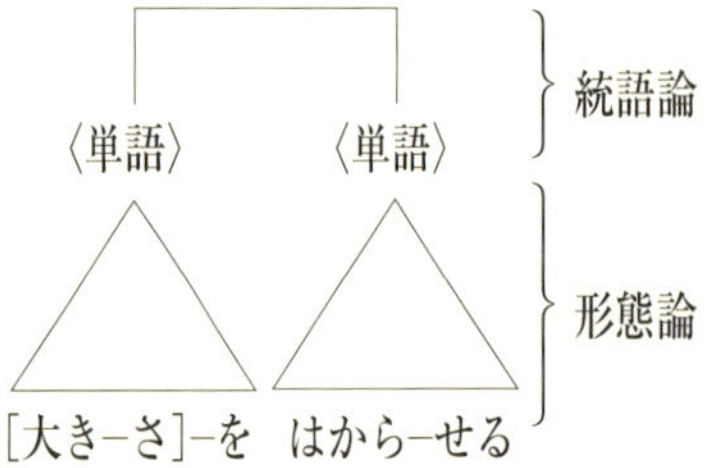

これを見ると、「句構造」にもとづく分析と「単語＝文の構成単位」にもとづく分析とが「文の構成単位」をめぐって基本的なところで対立すること、また、「文節」にもとづく分析がそれらの折衷案のようなものになっていることがわかります。

「文節」にもとづく分析は、「大きさを」「はからせる」というまとまりを文の構成単位（統語論的単位）として考える点は「単語＝文の構成単位」にもとづく分析と共通するところがあります。しかし、その一方で、「―を」や「―せる」を「付属語」という形で位置づけて一定の独立性を持たせている点は「句構造」にもとづく分析と相通ずるところがあります。

このように、「文節」にもとづく分析は、一種の折衷案的な性格を持つだけに、「句構造」にもとづく分析に対する「単語＝文の構成単位」の立場からの批判と、「単語＝文の構成単位」にもとづく分析に対する「句構造」の立場からの疑問の両方があてはまることになります。

まず、「単語＝文の構成単位」の立場では、「句構造」にもとづく分析は「形態素にすぎないものを統語論的単位と考える」点でそもそも「形態素―語―文」という自然な図式を無視しているということになりますが、「文節」にもとづく分析も「形態素にすぎないものを『語』として扱う」という点で不適切だということになります。

一方、「句構造」にもとづく分析では、統語論的単位をより細かく設定することによって、いろいろな言語現象――例えば、「文法の本を（読む）」における「文法」と

「本」の関係や「二郎にすぐに返事を書かせる」のような使役文の二義性――を文の構造のレベルで説明しようとします。また、それができることがメリットであると考えます。そのような立場からすれば、「単語＝文の構成単位」にもとづく分析はそのメリットを放棄している(放棄するならするで、それを補うためのシステムを明示的に示す必要があるが、それは必ずしも十分にはなされていない)ということになりますし、同じ疑問は「文節」にもとづく分析にも向けられることになります。

先に述べたように、「文節」というと、「太郎がネ、家でネ、ゆっくりとネ…」のように文を区切ることにばかり注意が向きがちです。しかし、「文節」は文の構造や文の構成単位をめぐる二つの考え方の対立点を理解する上で重要なキーワードなのです。

Q9 文法書によって文の構造が異なるのはなぜですか?

文の構造いろいろ

文法研究においては、実にさまざまな文の構造が提案されています。いくつか例をあげてみましょう。

1　橋本進吉（一九五九）『国文法体系論』より（文節文法）

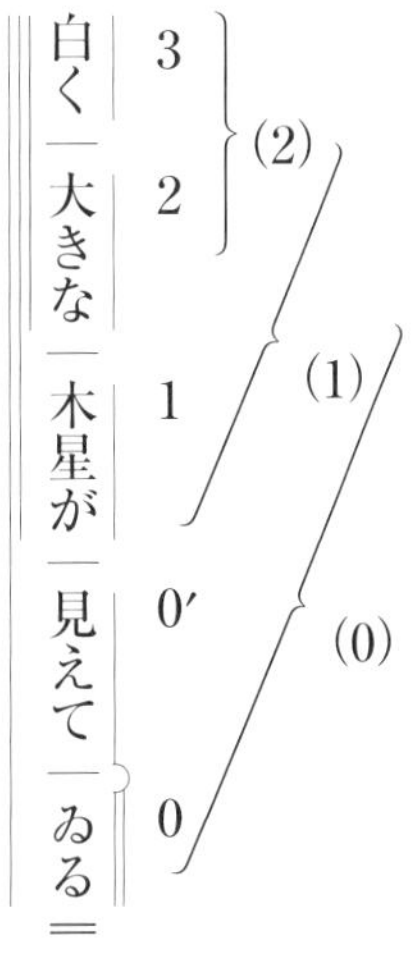

2　時枝誠記《もとき》（一九五〇）『日本文法　口語篇』（岩波書店）より（入れ子型構造）

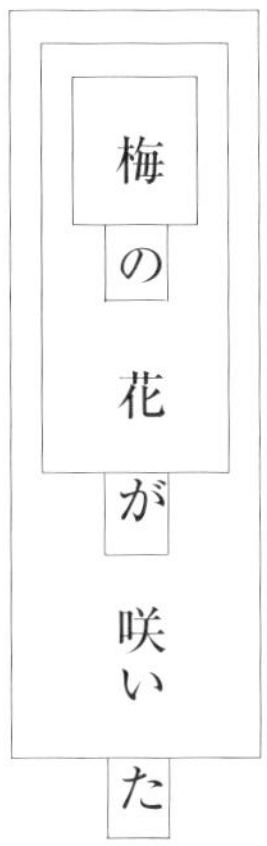

3　森岡健二（一九八八）『文法の記述』（明治書院）より

4 渡辺実（一九七一）『国語構文論』（塙書房）より

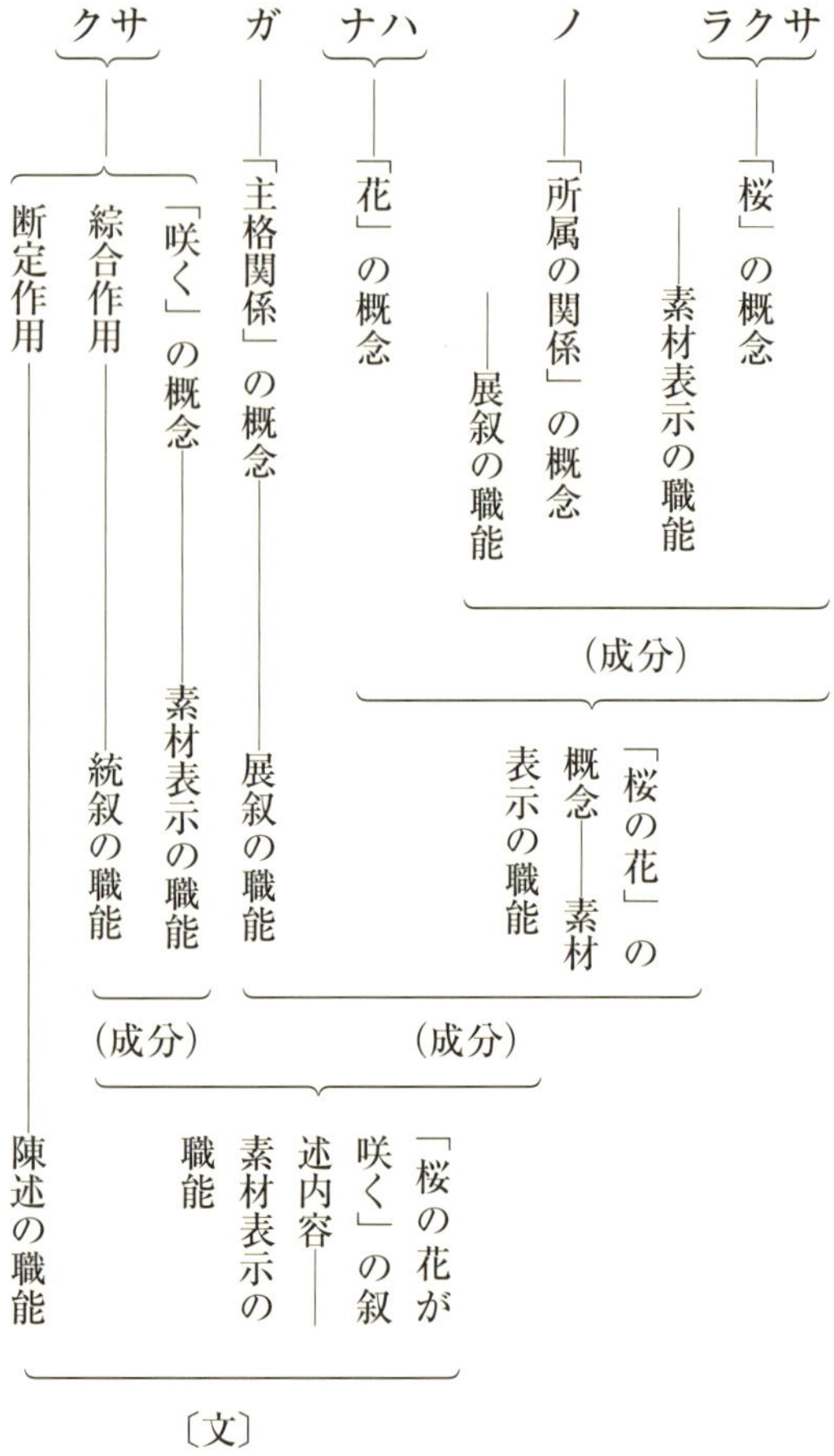

5 北原保雄（一九八一）『日本語の文法』（中央公論社）より

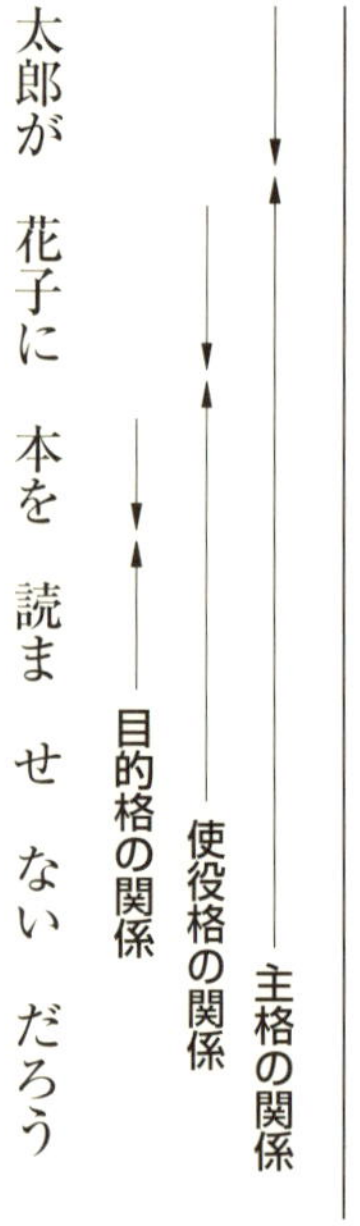

6 仁田義雄（一九八〇）『語彙論的統語論』（明治書院）より（依存文法）

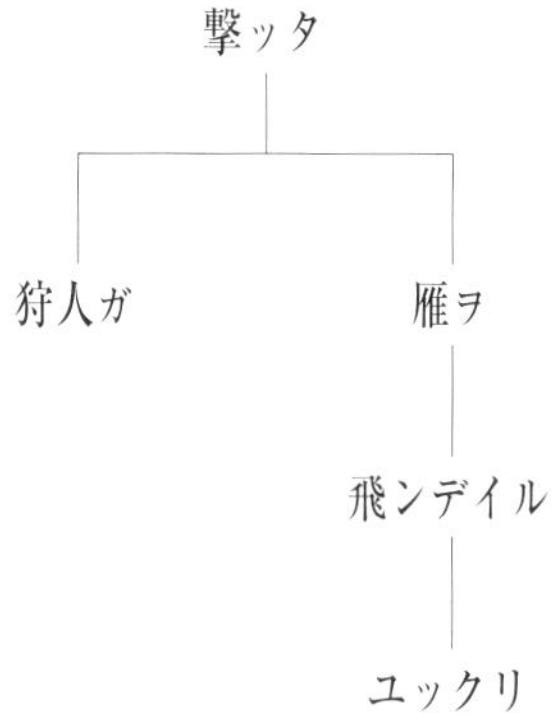

7 長谷川信子（一九九九）『生成日本語学入門』（大修館書店）より（生成文法）

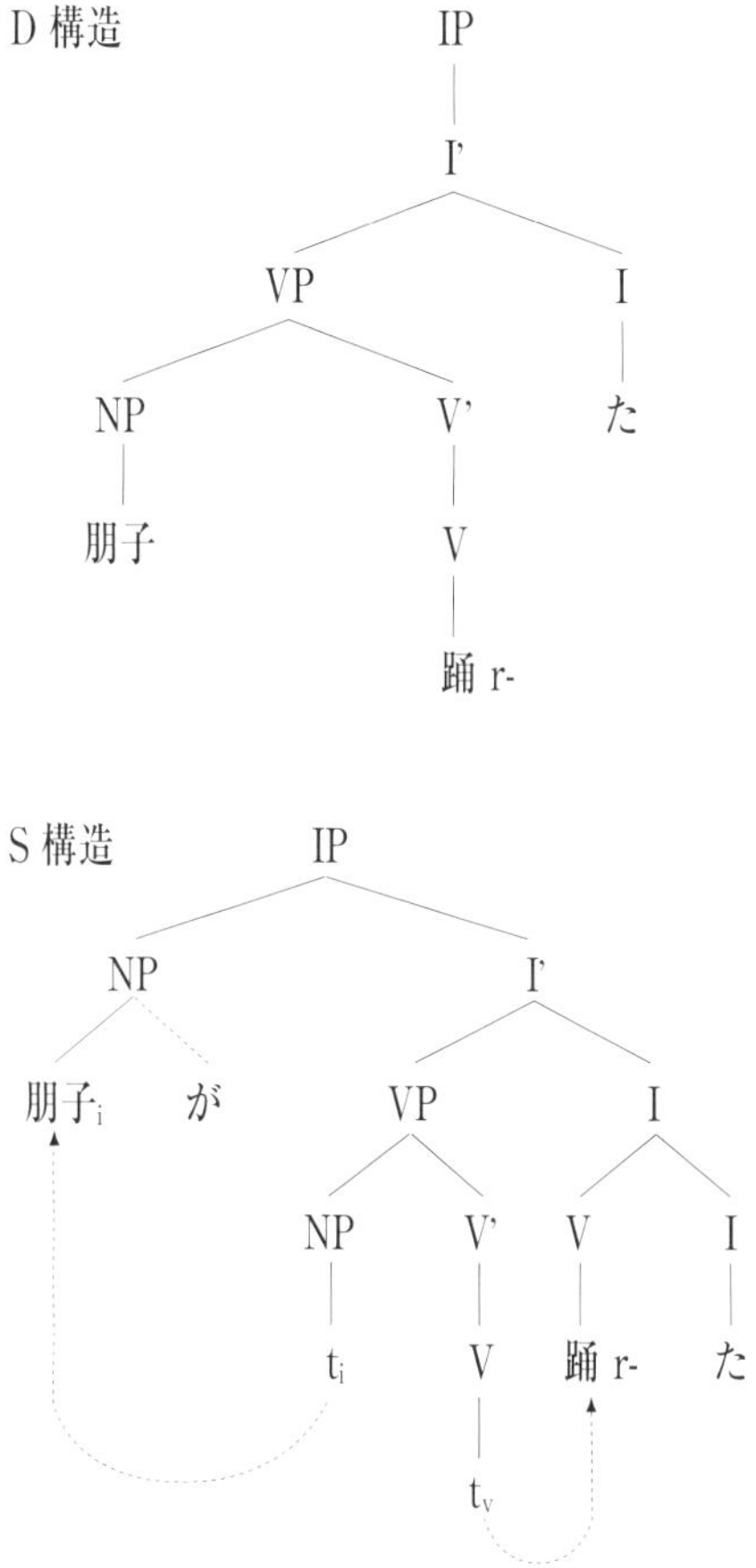

いかがでしょうか。これだけでも、実に多種多様の文の構造が考えられていることがわかっていただけると思います。

しかし、これらはこれまで提案されている文の構造のごく一部にすぎません。くわしく述べる余裕はありませんが、文法研究においては、右にあげたもの以外にも、「山田★文法」、「松下文法」、「主辞駆動句構造文法★（Head-driven Phrase Structure Grammar: HPSG）」、「語彙機能文法（Lexical Functional Grammar: LFG）」、「関係文法（Relational Grammar）」、「選択体系文法」…といったさまざまな文法理論が提唱され、それぞれ特色ある文の構造を提案しています。

いろいろな「文の構造」がある理由

では、なぜこんなにいろいろな「文の構造」があるのでしょうか。一言で言えば、それは**「文の構造で何を説明（表現）したいか」が異なるから**ということになるでしょう。

例えば、先にあげた4の構造は、「桜」「の」「花」「が」「咲く」というそれぞれの要素（及びそれらが組み合わさったまとまり）が文の中でどのようなはたらき（職能）を有するかを分析的にとらえ、それを文の構造として表現したものです。また、5の構造は、ヲ格句「本を」は動詞「読む」によって存在を保証され、ニ格句「花子に」は使役を表す「（さ）せ」によって存在を保証される、といった関係を文の構造のレベルで表現したものです。

★日本では個人の名前をつけて文法理論の名称にすることが多かったのですが、最近はそのようなことはあまりないようです。

★「主辞駆動句構造文法（HPSG）」「語彙機能文法（LFG）」については、郡司隆男（一九八七）『自然言語の文法理論』（産業図書）をごらんください。

何を基盤として文の構造を考えるかによっても文の構造は違ってきます。例えば、Q8で見た「単語＝文の構成単位」にもとづく分析は、「形態素―単語―文」という図式を基本原理として文の構造を考えようとするものですし、先にあげた1の構造は「語―文節―文」という図式を基本原理とする文の構造です。

2の「入れ子型構造」は「名詞や動詞のような客観的な表現が、助詞・助動詞のような主観的な表現によって包まれ、統一されるという過程が重層的に重なり合って文ができていく」というイメージにもとづく文の構造です。

また、6の構造は「要素の依存関係」を文の構造として表現したものです。述語「撃った」が文の中心要素としてあり、それに従属する形で「狩人が」「雁を」が結びつく、また、そのうちの「雁を」に「飛んでいる」が従属し、その「飛んでいる」にさらに「ゆっくり」が従属する――このような支配―従属の関係を文の構造として表現すると6のような構造になるわけです。★ 3のような「かかりうけ」の関係にもとづく文の構造も、これと同じような考えにもとづくものです。

文の構造には「言語事実の説明のための道具」という側面もあります。また、それを前面に出した形で文の構造を考えることも一般的におこなわれます。例えば、Q8で見た「句構造」にもとづく文の構造は、「文法の本を(読む)」における「文法」と「本」の関係、「一郎にすぐに返事を書かせる」のような使役文の二義性といった言語事実を文の構造のレベルで説明しようとするものです。つまり、文の構成要素をより細かく設定

★依存関係にもとづく文法理論については、児玉徳美(一九八七)『依存文法の研究』(研究社)をごらんください。

することで、要素と要素の関係をよりきめ細かく表現し、それによって文の構造の説明装置としての性能を向上させようというわけです。

さらに、先にあげた7の構造では、「S構造」（より実際に使われる文に近い構造）とは別に「D構造」（文の出発点となる構造）という構造がたてられていますが、★この背景にはやはり「種々の言語現象を文の構造のレベルで説明するには、二段構えで文の構造を考える必要がある」という考え方があります。それぐらいしないと文の構造に種々の言語現象を説明できるだけの性能は付与できないというわけです。

このように文の構造にはそれぞれ背景があります。文の構造を見る際には、何よりもまず、その構造を考える背景について理解することが大切です。

「より妥当な文の構造」とは何か

文の構造にはそれぞれ背景があるとはいっても、勝手気ままに文の構造を考えてよいというものではありません。そこには当然「より妥当な文の構造」を考えるということが必要になります。

では、どのような構造が「より妥当な文の構造」なのでしょうか。実はこれにもいろいろな考え方があります。

第一の考え方は、ある基本理念を基本的に正しいものと考え、その基本理念に合わない文の構造は妥当性に欠けるとするものです。例えば、「形態素――単語――文」という基

★くわしくは、長谷川信子（一九九九）『生成日本語学入門』（大修館書店）、三原健一（一九九四）『日本語の統語構造』（松柏社）、町田健（一九九九）『生成文法がわかる本』（研究社）などをごらんください。

本図式を前提として文の構造を考えるような場合は、その図式に合わない文の構造は基本的に妥当でないということになります。また、生成文法においては、★理論的枠組みの修正にともなって文の構造のあり方が変更されるということが何回か生じていますが、これも基本理念にもとづく文の構造の評価といえるでしょう。

第二の考え方は、文の構造の説明装置としての性能の高さを問題にする考え方です。つまり、言語現象がうまく説明できればできるほど、またうまく説明できる言語現象が多ければ多いほど、その文の構造は説明装置としてすぐれているというわけです。例えば、生成文法では「父が子供に服を着させる」のような使役文は、8のような「文の中に文が埋め込まれた構造」（埋め込み構造）から派生されると分析されます。★

8

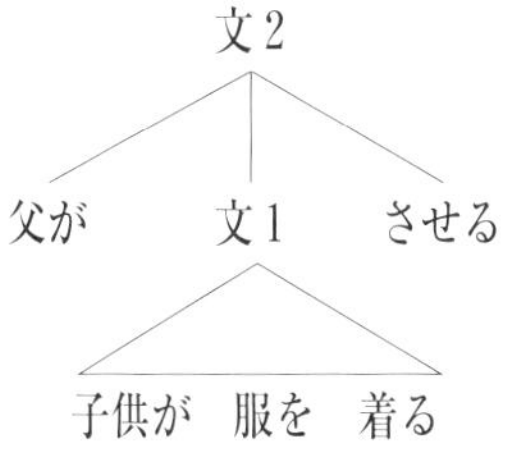

具体的には、文1の「子供が」「服を」「着る」を文2にあげて、文1をなくすという操作を考えます。その際、「子供が」は「子供に」のように格助詞が変更され、「着る」

★町田健（一九九九）『生成文法がわかる本』（研究社）、稲田俊明ほか（一九九九）『岩波講座言語の科学：生成文法』（岩波書店）をごらんください。

★柴谷方良（一九七八）『日本語の分析』（大修館書店）をごらんください。

は「させる」と結合されて「着させる」となり、その結果「父が子供に服を着させる」という使役文ができるというわけです。

これは一見面倒な分析のように見えますが、一つ重要な利点があります。次の例を見てください。

9　父が子供に自分の服を着せた。（自分＝父）

10　父が子供に自分の服を着させた。（自分＝父／子供）

「自分」は基本的に文中の「～が」が表す人物を指します。実際、9では「自分」は「父」しか指しません。しかし、10の「自分」は「父」と「子供」の両方を指すことができます。このことは、8のような構造を考えれば簡単に説明できます。つまり、使役文はもともと二つの文からなる——もともと二つの「～が」がある——から、「自分」も二つの解釈が可能になるというわけです。

もし8のような構造を考えないとすると、10のような現象は、「普通の文では『自分』は文中の『～が』が表す人物を指すが、使役文では『自分』は文中の『～が』が表す人物または『～に』が表す人物を指す」というふうに説明する必要があります。それよりは、「『自分』は基本的に文中の『～が』が表す人物を指す」というところはそのままにして、使役文は8の構造から派生されると仮定した方がすっきりした説明になります。それにより、なぜ使役文では「～に」が表す人物を「自分」で指せるのかというと、それは使役文中の「〜に」がもともとは「〜が」だったからだ——という説明が可能になるからです。その意味で、8のような構造を仮定する分析の方が、8のような構造を仮定しない分析よりも説明装置としてすぐれているといえます。

ここで一つ注意が必要なのは、現象の説明力というものは、文の構造以外のレベルも合わせた総合的な説明力が問題になるということです★。何でもかんでも文の構造のレベルで説明する必要はない(別のレベルで説明できるものはそうすればよい)ということです。

例えば、「明日は晴れるだろう」という文の構造について考えてみましょう。とりあえず思いつくのは次の二つの構造です。

11

a

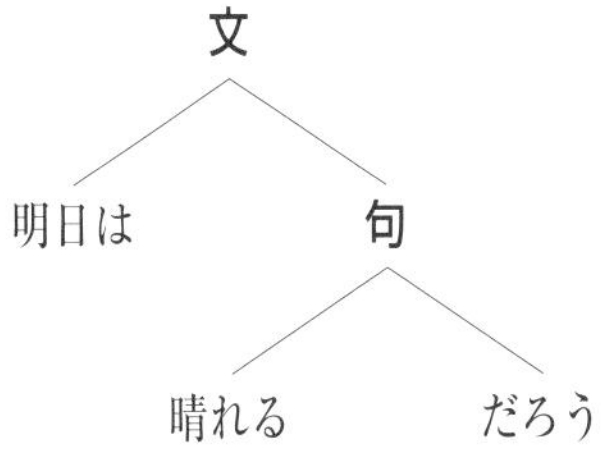

b

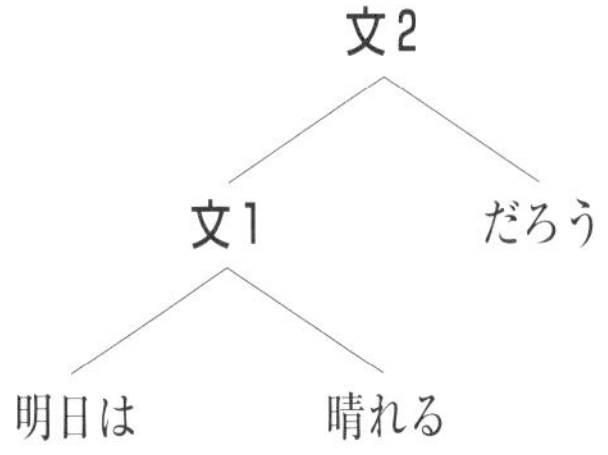

11aは「晴れる」と「だろう」が結びついて「晴れるだろう」という句★をつくり、そ

★文の構造そのものの説明力はそれほど高くなくても、むしろ全体としてよりバランスのとれた文法のシステムが構築できるのであれば、その方がよいということになります。

★「晴れるだろう」の結びつきはとりあえず「句」としておきますが、これは「語」としても同じことです。

れと「明日は」とが結びついて文ができるという構造になっています。一方、11ｂは「明日は」と「晴れる」がまず結びついて「明日は晴れる」という文ができ、それにさらに「だろう」が加わってより大きな文ができるという構造になっています。『明日は晴れる』という命題が真であると推量する」という意味を文の構造に直接反映させたわけです。では、11ａと11ｂはどちらがより妥当な構造なのでしょうか。

まず、「晴れるだろう」は、「明日は」と同様、常に文の中で一つのまとまりとして機能します。「明日」と「は」が切り離して用いられることがないのと同じように、「晴れるだろう」においても、「晴れる」と「だろう」が切り離して用いられることはありません。

12 ａ　明日は、まあ、晴れるだろう。
　 ｂ　*明日、まあ、は晴れるだろう。
　 ｃ　*明日は晴れる、まあ、だろう。
13 ａ　晴れるだろう、明日は。
　 ｂ　*は 明日 晴れるだろう。
　 ｃ　*明日は だろう 晴れる。

このような事実を説明するには11ａの構造の方が便利です。11ｂの構造では「晴れるだろう」が一つのまとまりをつくっていないため、12、13の言語事実を直接説明することができません。この点からいえば、「晴れるだろう」を一つのまとまりとしている11ａの方がより妥当な構造ということになりそうです。

一方、次のような現象を説明するには、「だろう」が「明日は晴れる」全体にかかるとする11ｂの構造の方が便利です。

14ａ　[明日は晴れる]が、明後日はわからない。
　ｂ　[明日は晴れるだろう]が、明後日はわからない。
15ａ　[明日は晴れる]のに、肝心の明後日は晴れないらしい。
　ｂ　*[明日は晴れるだろう]のに、肝心の明後日は晴れないらしい。

「が」と「のに」はともに文を補足部としてとる、いわゆる接続助詞です。しかし、14、15からもわかるように、「が」の補足部には「だろう」が入りますが、「のに」の補足部には「だろう」は入りません。このことは、11ｂの構造を使えば次のように実にシンプルに説明することができます。

16ａ　「のに」の補足部になるのは文1までである。
　ｂ　「が」の補足部になるのは文2までである。

一方、「晴れるだろう」が一つのまとまりをつくっている11ａの構造ではこのようなシンプルな説明はできません。この点からいえば、11ｂの方がより妥当な構造ということになります。

このように、11aと11bの構造ともに一長一短があり、どちらがより妥当かは一概には決められません。ここで考えられる選択肢は次の三つです。

第一に、11a、11bの両方を文の構造として認め、両者を自然に結びつけるシステムを考えるというやり方があります。11aは「晴れるだろう」が形態的に分割不可能なまとまりであることを端的に表しています。また、11bは「明日は晴れるだろう」が『明日は晴れる』という命題が真であると推量する」という意味の文であることを端的に表しています。文の構成要素の形態的性質を反映した構造と、文の意味的性質を反映した構造の二つを考え、両者をうまく結びつけることで、文の構造の説明力をより高めようというわけです。生成文法において、先の7のような二段構えの構造を考えるというのは、基本的にこのような発想にたつものといえます。

第二に、11a、11bのいずれか一方だけを文の構造として認め、うまく説明できない言語事実をうまく説明できるように調整や修正を加えるというやり方があります。例えば、先の14、15の現象は、要するに「『〜だろう』という形の述語を含む文は『のに』の補足部にならない」ということですから、次の17のように、「だろう」の「非断定」という性質が文全体の性質として反映されるメカニズムを考えれば、11aの構造でも14、15の現象は説明できることになります。「[非断定]という性質を持つ文は『のに』の補足部にならない」というわけです。

17

a

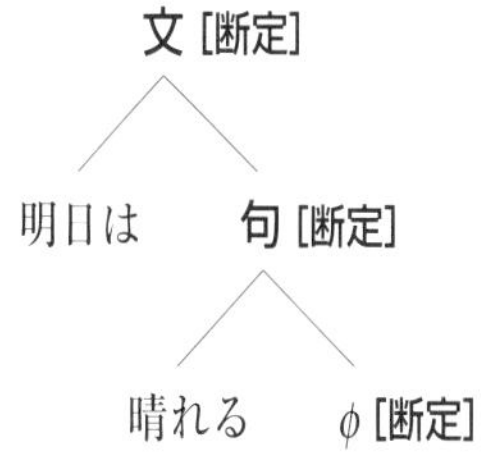

b

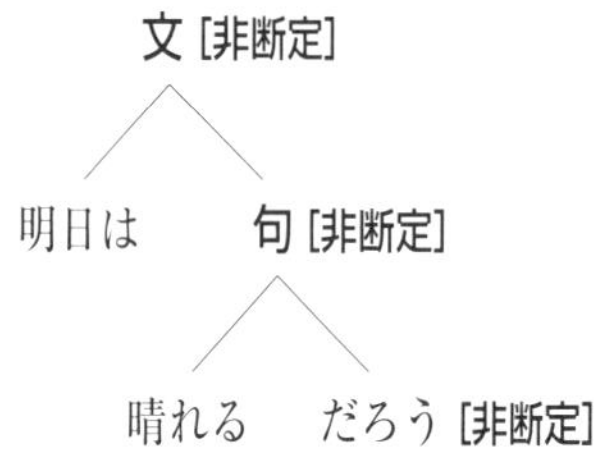

第三に、14、15のような現象はそもそも文の構造の問題ではないとするやり方があります。例えば、「のに」については次のようなことがいわれています。

★（「XノニY」において）ノニは確定した二つの事実を結び付け、その結びつきが予想に反するものだと判断するものなので、疑問や推量のような確定していない事柄や命令や意志のような、未来に行われる出来事はYに来ない。（傍線井上）

これをそのまま利用すると、「のに」は「確定した二つの事実を結びつける」という性質を持つのだから、その補足部に「だろう」のような推量の要素が入らないのは当然だということになります。つまり、どのような文が「のに」の補足部になるかはあくまで「のに」の意味に関わる問題であり、文の構造としては11aと11bのどちらともいえ

★蓮沼昭子ほか（二〇〇一）『日本語セルフマスターシリーズ7　条件表現』（くろしお出版）、一五六ページ。

ない（14、15の現象は文の構造を考える材料にならない）、というわけです。
もちろん、この三つの説明のうちどれが最も妥当な説明かは、これだけから判断できるものではなく、他のいろんな現象を考慮に入れた上で総合的に判断する必要があります。ただ、14、15のような現象一つとっても、文の構造に依存する説明と、文の構造に依存しない説明の両方が可能であり、その両方の線で一度考えてみる必要があることはわかっていただけると思います。

ある言語現象を説明しようとする場合は、まずそれを文の構造で説明することが妥当かどうかを考える必要があります。そして、文の構造で説明することが妥当であるとする場合は、どのような文の構造で説明するのが妥当か（どのような文の構造を考えればコスト・パフォーマンスが上がるか）を考える必要があります。また、もし（文の構造に関する基本理念と矛盾するなどの理由で）その現象を文の構造で説明すべきではないとする場合は、何か別のレベルで説明する方法を考える必要があります（単に「理念に反するから間違い」というのでは議論が先に進まない）。

文の構造について考えるとは、このようなさまざまなことがらについて考★えることにほかならないのです。

このように言うと、「なんと面倒な」と思われるかもしれません。しかし、これぐらい言えば、「文の構造については、いろんな可能性を考えることができる」と思っていただけるのではないでしょうか。入門書や概論書に書いてある「文の構造」を見て「な

★もっとも、実際に研究をすすめる場合は、「現象があって、それに対する説明を考える」という手順だけでなく、「自分が考えている文の構造の方がうまく説明できる現象を探す」という手順をとることも少なくありません。

るほど」と思うだけでなく、ぜひ自分でも文の構造についてあれこれ考えてみてください。文の構造の問題が「かめばかむほど味が出る」類の問題であることがわかっていただけると思います。

章末問題

問1 漢文を訓読する際には「返り点」と呼ばれる記号が用いられます。次の例をもとに「返り点」が古代中国語のどのような特徴を反映したものか考えなさい（番号は読む順序を表します）。

1 1 2 5 4 3
春眠 不レ覚レ暁。（春眠暁を覚えず。）

2 8 5 3 1 2 4 7 6
欲乙得下有二才智一者上用甲レ之。（才智有るものを得て之を用ひんと欲す。）

問2 受身文には、「太郎が父親に叱られた（←太郎が父親を叱った）」のように、対応する能動文が考えられるタイプ（直接受身、まともの受身）と、「太郎が子供に昼寝された（←*子供が太郎を昼寝した）」のように、対応する能動文が考えられないタイプ（間接受身、迷惑の受身）があります。「自分」が文中のどの人物を指しうるかを手がかりにして、それぞれの受身文がどのような構造を持つか、考えなさい。（参考：長谷川信子（一九九九）

『生成日本語学入門』（大修館書店）、三原健一（一九九四）『日本語の統語構造』（松柏社））

1　太郎が父親に自分の部屋で叱られた。

2　太郎が子供に自分の部屋で昼寝された。

問3　次の文がどのような構造を持つか、自分なりにいろいろな可能性を考えなさい。

（参考：黒田成幸（一九九九）「主部内在型関係節」「トコロ節」（『ことばの核と周縁——日本語と英語の間』くろしお出版））

1　泥棒が逃げようとするところをつかまえた。

2　リンゴがテーブルの上にあったのをとって食べた。

（ヒント：「つかまえた」「とって食べた」対象は何か）

第四章
意味に「形」を与える

Q10 探し物を見つけたときに「あ、ここにあった！」のように言うのはなぜですか？

「た」にはいろいろな用法がある

「た」といえば「過去」と考えがちだが、実際は「た」には「過去」という枠に収まらない用法がたくさんある——日本語の文法について書いた本には、必ずといっていいほどこのようなことが書いてあります。「昨日は一日中家にいた」「この間北京ダックを食べた」のような例だけ見て、「た」イコール「過去」と考えるのではなく、実際に「た」がどのように用いられているかを虚心坦懐に観察しよう、というわけです。

確かに「過去」を表すとはいいにくい「た」の例は少なくありません。例えば、次のように、その場で実現されたことがらを同時中継的に述べる場合の「た」は、「過去」というより「実現」という方が直感的にはしっくりきます。

1 a （マラソンの実況中継で）
まもなく先頭集団が折り返し地点を通過します…。今、通過しました。

b ピッチャー佐々木、大きく振りかぶって、第一球、投げました。

次の例の「た」も、「過去」ではなく「実現済み（完了）」★の意を表すと説明されるのが普通です。

★対応する否定形が「〜しなかった」ではなく、「〜していない」となるからです。

2 (レポート提出日の前日の会話)
「レポート(もう)書いた?」
「うん、もう書いたよ／いや、まだ書いてない」

また、次の例の「た」は「発見」「思い出し」といった話し手の気持ちを表すといわれます。特に、3のように「眼前にある」ものについて「た」を用いるケース(発見のタ)は、「た」の意味が「過去」という枠に収まらないことを示す典型例とされます。

3 (探していたものを見つけて)あ、あった! [発見のタ]
4 明日って、何か予定あったっけ? [思い出しのタ]

「た」の意味をどのように一般化するか

このように、「た」には、「過去」という説明ではしっくりこない用法がいろいろあります。では、どう考えれば「た」の意味がうまく説明できるのでしょうか。

まず考えられるのは、『「た」のすべての用法をカバーできるような抽象度の高い概念を考える』ということです。例えば、次のような説明です。

「た」は「そのことがらを個別的な事象として振り返り、間違いなくそのような事実が成立している」という話し手の「確述意識」を表す。

★「ムードの『た』」と呼ばれます。「ムード」というのは、「だろう」や終助詞の「よ／ね」のような「話し手の心的態度」を表す形式のことですが、それをいわば拡大解釈したわけです。

★森田良行(二〇〇一)「確述意識を表す『た』」(『月刊言語』三〇巻一三号、大修館書店)

この説明では、「た」の諸用法はすべて「確述意識」という枠の中に収まるものとして説明されます。「あ、あった！」のような「発見の夕」も、「今あることを確かなこととして把握する」ことを表すということになります。

しかし、この種の説明はどうもすっきりいかないところがあります。その「すっきりしない感」とは、例えば次のようなものです。

——「いる、食べる」と「いた、食べた」は形式の上で一つのペアをなしている（対立している）。また、意味的にも、「—る」と「—た」は何らかの対立をなしていると考えられる。『た』は過去を表す」というのも、「—る」と「—た」が「非過去（現在・未来）—過去」という対立をなすという考えにもとづくものである。もし「—た」が「確述意識」を表すとしたら、「—る」は何を表すことになるのか。——

確かに、「た」には「過去」という説明ではしっくりこない用法がある。しかし、そこからただちに「『た』は過去を表す」という説明を誤りとするのは早計である。もちろん、「『た』は過去を表す」というだけでは不十分だが、何か工夫を加えれば、「過去」という線を保持しながら「た」にいろいろな用法があることを説明できるのではないか。——

——「探していたものを発見した」という文脈では、「何だ、こんなところにあったのか」という言い方をすることもある。これは同じ「発見」でも「あ、あった！」とは意味が異なる。しかし、「確述意識」というだけでは、このような意味の違いは説明できない。「た」に関する説明は、「た」の諸用法に統一的な説明を与えるだけでなく、このような意味の違いも説明できるものであるべきではないか。――

「た」についてはいろいろ考えなければならないことがあるのですが、私自身は、「た」のすべての用法をカバーできるような抽象度の高い概念を考えることだけが唯一の説明のやり方ではないと考えています。また、少なくとも3のような「発見の夕」については、「『た』は過去を表す」という線で十分説明できると考えています★。どのような説明になるのか、以下簡単に紹介します。

「た」と「観察」

「た」の用法の中には、「発見の夕」――何かを発見した瞬間に「た」を用いるケース――とはいえないまでも、それと本質的に同じメカニズムにもとづくと見られるものがあります。例えば、次のような例です。

5　（太郎の子供が無事に産まれた。太郎はすぐに病院から母に電話をかけた）
太郎：今、生まれたよ。
母　：ああ、よかった。で、どっちだった？　男の子だった？　女の子だっ

★そのほかの「た」の用法に関する筆者の考えについては、井上優（二〇〇一）「現代日本語の『た』」（『「た」の言語学』、ひつじ書房）をごらんください。

た？

太郎：男だったよ。

この例では、生まれたばかりの子供の性別が過去形で述べられています。この場合、子供はもちろん元気ですし、「生まれたときは男だったが、今は女だ」というわけでもありませんから、「で、どっち？　男の子？　女の子？──男の子だよ」というやりとりももちろん可能です。にもかかわらず、5ではごく自然に「タ」が使えます。

これは、5の「男だった」が「(見たら)男だった」という意味の文だからです。この場合、話し手は、「以前はこういう状態があった(が、今はない)」ということを述べるのに「た」を用いているのではなく、「子供を最初に見たときに『男である』という状態が見えた」ということを述べるために「た」を用いています。子供の性別がわかった時点に立ち戻って述べるから「た」が用いられるというわけです。

同じく自分の子供の性別を述べるにしても、次の6では「た」を用いるのは不自然です。これも、小学六年生になる自分の子供の性別を、子供の性別がわかった時点に立ち戻って「(見たら)男だった」のように述べるのが不自然だからです★。

6　(二十年ぶりに会った甲と乙が話をしている)

甲：お子さんはいるの？

乙：小学六年生になるのが一人いるよ。

★二十年前に、乙が甲から「君の子供が生まれるとしたら、絶対に女の子だ」と言われていて、かつそのことをお互いよく覚えているという文脈であれば、乙は「いや、それが(生まれてみたら)男の子だったよ」と答えることが可能です。

甲：へえ。男の子？　女の子？（#男の子だった？　女の子だった？）★

乙：男。（#男だった。）

次の例も同じように説明できます。

7（CDを聞きながら、日記を書いている）

a　今日太郎からCDをもらった。ベートーヴェンの「第九」だった。今聞いているが、なかなかいい演奏だ。

b　今日CDを買った。ベートーヴェンの「第九」だ（#だった）。今聞いているが、なかなかいい演奏だ。

7a、7bはいずれも今手元にあるCDについて述べる文ですが、「た」の自然さは異なります。★これも、「（見たら）〜だった」という言い方ができるかどうかという違いとして考えることができます。

7aは「見たらベートーヴェンの第九だった」、すなわち「もらったCDを見たら『ベートーヴェンの第九である』のが見えた」という意味の文です。「もらうまでは何かわからない」ということはよくあることですから、このような意味の文が発されることはごく自然なことです。しかし、ものを買うときに「買うまでは何かわからない」ということは普通ありません。7bが不自然なのも、「買ったCDを見たら『ベートーヴェ

★「#」は「その文の使用が不自然である」ということを表します。

★もちろん、「今日CDを買った。ベートーヴェンの『第九』だったが、帰りの電車の中に置き忘れて、なくしてしまった」のように、過去にはあったが今はないCDについて述べる場合は「た」が使えます。

ンの第九である』のが見えた」という状況が考えにくいからです★。

これらの例に限らず、一般に、現在存在する状態について「た」を用いた場合は、「現在存在する状態の存在が判明した、その時点に観察された内容を報告する」という意味の文になります。簡単に図示すれば次のようになります。

8

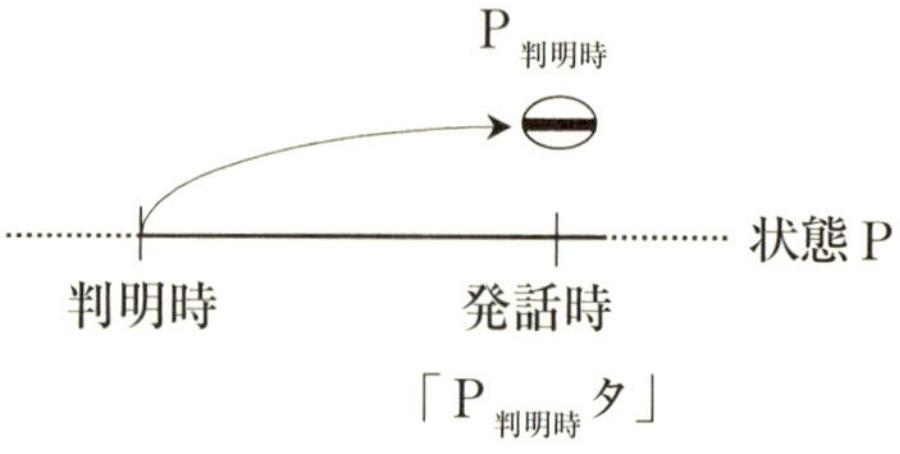

次の例でも、目の前にある隠し金庫について「ありました」と過去形が用いられていますが、これも、「『床下に隠し金庫がある』ことはすでに観察済みのことがらである(現在は『中に現金が入っている』ことに注目している)」ということを述べるために「た」が

★「どんな曲かは買ってからのお楽しみ!」というCDであれば、7bも自然になります。また、「『運命』だと思って買ったが、よく見たら『第九』だった」という場合も「た」が使えます。

用いられているということです。

9 （容疑者のアジトを捜索していて、床下に隠し金庫があるのを発見した捜査員が、金庫の中を調べながら本部に無線で連絡する）
床下に隠し金庫がありました（＝調べてみたら、隠し金庫がありました）。
中に現金が入っています。

「発見のタ」とは何か

ここまで、「た」が、「以前はこういう状態があった（が、今はない）」ということを述べるというよりは、「観察したときにこういう状態が観察された」ことを述べるために用いられるケースについて見てきました。同じ「過去の状態」を述べるにしても二つのタイプがあるわけです。

先に問題にした「発見のタ」――ある状態を発見した瞬間に「た」を用いるケース――についても、基本的には「観察してみたら…だった」という意味の文、すなわち「観察したときにこういう状態が観察された」ことを述べる文と考えることができます。

10 （探していた本がカバンの中にある（入っている）のを見つけて）
あ、ここにあった（入ってた）。

11 （北京市の地図を見ながら）えーと、友誼賓館はと…あった、あった。

12　（探していたものが予想外の場所で見つかった）
何だ、（よく見たら）こんなところにあった。

これらはいずれも「（見たら／探してみたら）ここにあった」、「（ここを見たら）あった」、「（よく見たら）こんなところにあった」という意味の文です。判明時が発話時直前★という点はやや特殊ですが、「観察してみたら…だった」という意味を表す点は先の5や7 a、9とかわるところはありません。「発見の夕」はごく普通に見られる「た」の一用法の延長線上にあるものであり、決して「『た』は過去を表す」という線で説明できないものではないのです。

「発見の夕」については、よく「前もって何らかの予測や期待がある場合に『た』が用いられる」ということが言われます。これは、「観察したら…だった」という意味のことを述べる場合は前もって何らかの予測や期待があることが多いからです。また、「発見の夕」には「認識の確定」というニュアンスがありますが、これも「観察したら…だった」という文が「観察の結果」を述べる文だからです。

したがって、話し手がまったく予期していなかった状態が偶然に発見され、話し手自身がそのことを十分に飲みこめていないような場合は、「た」を使わずに、現在観察中の眼前の状態を現在形で述べることになります。

★「発話時直前」も「発話時より前」という意味で「過去」であると考えます。

13 (誰のものかわからない財布が落ちているのが偶然目に入って)

a あれ? こんなところに財布が落ちてる。(どういうこと?)

b #あれ? こんなところに財布が落ちてた。

過去の実情に言及する「た」

以上、「発見の夕」が「観察してみたら…だった」という意味の表現であり、「過去」という線で十分説明できることを見てきました。では、同じ「発見」の文脈で用いられる次のような例はどうでしょうか。

14 (探していたものが予想外の場所で見つかった)

何だ。こんなところにあったのか。

14は、「探していたものが予想外の場所で見つかった」という文脈で発されている点は先にあげた12とよく似ています。しかし、14は「よく見たら…だった」という意味の文ではありません。★ むしろ、14が表すのは、

15 何だ。(本当は)こんなところにあったのか。

という意味です。眼前の状況から初めて理解された発話時以前の実情を「本当はこうだったのか★」と納得した、という形で述べることにより、「これまで本当のことを知ら

★実際、「?何だ。よく見たら、こんなところにあったのか」はいささか不自然です。

★この種の「か」は「納得のか」と呼ばれます。くわしくは、森山卓郎(一九九二)「疑問型情報受容文をめぐって」(『語文』五九、大阪大学国語国文学会)をごらんください。

なかった（誤解していた）」ということを暗示するわけです。「た」が「過去」を表すことにかわりはないが、「た」を用いる動機づけが「発見の夕」とは異なるわけです。

次の例でも、「これまで本当のことを知らなかった（予想はあったが確信が持てずにいた）」ということが「た」で暗示されています。

16 （探していた人がなかなか見つからない。ふと「ひょっとしたらあそこにいるんじゃないか」と思ってその場所に行ったら、その人がいた）
やっぱりここでしたか。探しましたよ。

眼前の状況をそのまま述べずに、そこから理解された発話時以前の実情を「た」で述べるのは、「これまで誤解をしていた」「これまで確信が持てなかった」という含みを持たせるためですから、当然、そのどちらの状況も考えにくい17のようなケースでは「た」は使えません。「た」を用いるためには、18のように「これまで誤解をしていた」という前提が必要です。

17 甲：ところで、この間お話しした件ですけどね。
乙：あ、あの件ですか（#あの件でしたか）。あの件でしたらもう大丈夫です。

18 （話している途中で、聞き手が別の件について話をしていたことに気がついて）
何だ、その件でしたか。その件ならもう話がついています。

「本当は…だったのか／やっぱり…だったのか」と「観察してみたら…だった」(発見の夕)は、ともに「発見」のニュアンスをともなうとはいえ、文の意味としてはやはり異なるものです。しかし、一方では、これらの意味はいずれも「過去」ということを基盤にしたものでもあります。

「過去」を基本義とする「た」が、「観察してみたら…だった」、「本当は…だったのか／やっぱり…だったのか」という異なる意味を表すために用いられ、その二つはともに「発見」のニュアンスをともなう――言語表現の意味というものはこのようにいろいろなレベルからなっています。「た」の意味について考えるということは、このような意味のネットワークについて考えることにほかならないのです。

Q11 「～してもらえますか」よりも「～してもらえませんか」の方が丁寧なのはなぜ？

「丁寧さ」にもいろいろある

他人とコミュニケーションをおこなう上で「丁寧さ」はたいへん重要な要素です。また、丁寧さを表す手段にもさまざまなものがあります。

例えば、次の例では「1→2→3」の順で丁寧さが増します。

1　ここで待っていてくれる？
2　ここで待っていてくれますか？　（丁寧表現「〜ます」）
3　ここで待っていてくださいますか？　（尊敬表現「くださる」）

2では聞き手に対する敬意を表す丁寧表現「〜ます」を用いることで、また、3では動作の主体に対する敬意を表す尊敬語「くださる」を用いることで丁寧さが増していきます。3の場合、「待っていてくれる」動作の主体は聞き手ですから、丁寧表現と尊敬表現を併用することで、聞き手に対する敬意をより強く表すことができるわけです。

これだけで話が終わるのであれば、「丁寧さ」の問題は文法研究者にとってそれほどおもしろいものではありません。しかし、実際は「丁寧さ」の問題は文法研究者にとってもたいへん興味深い問題です。それは、「〜してもらえる」、「ちょっと」、「〜ないか（〜ませんか）」、「〜だろうか（〜でしょうか）」といった文法的な手段が丁寧さを増す上で重要な役割を果たしているからです。

4　ここで待っていてくれますか？
5　ここで待っていてもらえますか？　（〜してもらえる）
6　ちょっとここで待っていてもらえますか？　（ちょっと）
7　ちょっとここで待っていてもらえませんか？　（〜ないか）
8　ちょっとここで待っていてもらえないでしょうか？　（〜だろうか）

右の例では、4より5の方が丁寧です。同じように、5より6の方が丁寧、6より7の方が丁寧…といった具合に、丁寧さがより増していきます。では、「～してもらえる」、「ちょっと」、「～ないか(～ませんか)」、「～だろうか(～でしょうか)」はそれぞれどのような形で「丁寧さ」と関わっているのでしょうか。以下では、これら四つの文法的手段が表す「丁寧さ」について少し分析的に考えてみたいと思います。

負担考慮の「ちょっと」

まず、「ちょっと」が丁寧さに関わることは容易に理解できると思います。つまり、動作の程度が軽微であることを示す「ちょっと」を用いることで、「聞き手に過重な負担をかける意志はない」、あるいは「軽微とはいえ聞き手に負担をかけることになることを認識している」という気持ちが暗示されるわけです。★ 実際、その場のシナリオどおりに指示を与えるときのように、聞き手の負担を考慮する必要がないときには、「ちょっと」は用いられません。

9 (レントゲン撮影で)
はい。それでは、(#ちょっと)息を大きく吸ってください。
はい、(#ちょっと)とめて。

「ちょっと」は聞き手の動作に割って入るときの前置きとしてよく用いられます。

★類似の現象は外国語でも観察されます。

「ちょっと」を用いることで、割り込まれる側の心理的負担を考慮した言い方になるわけです。遠慮がちに割って入ることを表すために「ちょっと」が緩衝材的に用いられることもあれば、割って入ることをはっきりと宣言するために「ちょっと」が用いられることもあります。

10 （仕事が終わって帰宅する途中で）
ちょっとビールでも飲んでいきませんか？

11 健、悪いけど、ちょっと、そこのハサミ、とってくれる？

12 （聞き手が言ったことの真意がよくわからない）
ごめん？ ちょっと待って。今のどういうこと？

13 （悪ふざけをやめない子供をしかろうと思い）
健、ちょっとここに来て座りなさい。

聞き手に負担をかけることを考慮しつつ述べていることを示す。これが「ちょっと」の丁寧さです。

聞き手の意志に直接言及しない「〜してもらえる」

次に、「〜してもらえる」の丁寧さを「〜してくれる」と比較しながら考えます。

まず、「待っていてくれますか」は、「（あなたは私のために）待っていてくれますか」という意味の文です。そして、この場合、話し手は聞き手に対して「自分に恩恵を与える意志があるかどうか」を問題にしています。

一方、「待っていてもらえますか」は、「（私はあなたに）待っていてもらうことができますか」という意味の文です。この場合、話し手が問題にしているのは「（聞き手の行為の結果として）自分が恩恵を受けられるかどうか」であり、自分に恩恵を与える意志が聞き手にあるかどうかは直接問題にしていません。聞き手の意志に直接言及しないことで、聞き手に対する遠慮の気持ちを表す。それが「〜してもらえる」の丁寧さです。

可能表現「〜してもらえる」が一種の〈ナル〉的な表現であることも、丁寧さと密接な関係にあります。次の例を見てください。

14 a　今日は一キロ五分のペースで走った。
　 b　今日は一キロ五分のペースで走れた。

「走った」を用いた14 aは、動作主が走るペースを「一キロ五分」にコントロールしたという状況を表します。一方、可能形「走れた」を用いた14 bは、「努力の結果『一キロ五分のペース』という結果が出た」ということを表します。14 aが「こういうことをした」という〈スル〉的な意味を表すのに対し、14 bは「（努力の結果）このようになった」という〈ナル〉的な意味を表すわけです。先の「待っていてもらえますか」も、「自分が恩恵を受けるという結果になるかどうか」という意味の〈ナル〉的な表現です★。

★〈スル〉的な表現、〈ナル〉的な表現については、池上嘉彦（一九八二）『詩学と文化記号論』（講談社学術文庫）をごらんください。

ことがらを「なりゆき」として表現する〈ナル〉的な表現が、動作主の行為に直接言及する〈スル〉的な表現に比べて控えめな印象を与えることはよく知られています。

15 a　私ども、結婚することになりました。（ナル）
　b　私ども、結婚することにしました。（スル）
16 a　お食事のしたくができました。（ナル）
　b　お食事のしたくをいたしました。（スル）

「〜してもらえる」が「〜してくれる」よりも丁寧な感じがするというのは、〈ナル〉的な表現が持つ控えめさということもあるのです。

回答を強制しない「だろうか／でしょうか」

次に「だろうか／でしょうか」について考えます。

「だろうか」という形の疑問文には「聞き手から答えが返ってくることを特に前提としない」という性質があります。例えば、「今何時？」は「今何時か答えてほしい」ということを意味しますが、「今何時だろうか？」は、単に「今何時かが自分には疑問だ」ということを述べるだけで、特に聞き手に回答を求めているわけではありません。実際、時計を持たない聞き手に「今何時？」と聞くのは不自然ですが、同じ状況で聞き手に「今何時だろうか」と話しかけることはごく自然です。★

★森山卓郎（一九八八）「認識のムードとその周辺」（『日本語のモダリティ』くろしお出版）をごらんください。

「でしょうか」は聞き手に対する丁寧な質問としてよく用いられますが、その場合も、「聞き手から答えが返ってくることを特に前提としない」という性質にかわりはありません。例えば、次の二つの文を比較してください。

17 a　これから世界はどうなりますか?
　b　これから世界はどうなるでしょうか?

17 aは、「ズバリうかがいますので、お答えください」というふうに、聞き手がその場で回答することを前提にした質問です。これに対し、「でしょうか」を用いた17 bは、「これはこの場ですぐに答えられるような問題ではないかもしれないが、可能であれば答えてもらいたい」という気持ちを含んだ質問です。「聞き手から答えが返ってくることを特に前提としない」ということが、このような態度の暗示につながるわけです。

「はたして」を用いた疑問文は「だろうか／でしょうか」で終わるのが普通ですが、これも、「はたして」に「答えがすぐに出るとは考えにくい」という話し手の気持ちが含まれていることに呼応したものと考えられます。

18 a　こんなことで、はたして日本経済は大丈夫でしょうか。
　b ?こんなことで、はたして日本経済は大丈夫ですか?

もちろん、「でしょうか」はその場ですぐに答えられるような軽い内容の質問でも用いられますが、その場合も、「答えてください」と聞き手に回答を求めるのではなく、「よかったら(さしつかえなければ)お答えください」という感じの質問になります。聞き手に回答を強制しない、これが「だろうか／でしょうか」の丁寧さなのです。

19 a だいたい今みたいな感じでよろしいですか?
　 b だいたい今みたいな感じでよろしいでしょうか。
20 a どちら様ですか?
　 b どちら様でしょうか。

話し手の見込みが正しい可能性を前提にしない「ないか／ませんか」

最後に「ないか／ませんか」の丁寧さについて考えます。これにはちょっと手間がかかりますが、順を追って説明します。

真偽疑問文(Yes-No 疑問文)は、話し手の見込みを聞き手に提示して、その真偽を問う文です。例えば、次の例では、話し手は「聞き手は寒い(おいしくない)と感じている」という見込みをたて、その見込みが正しいかどうかを「Pカ?↓」(Pは話し手の見込み)で聞いています。★

21 (聞き手が寒そうにふるえているのを見て)
　 寒いですか?

★以下、話し手の見込みの部分を傍線で示します。

22★
（聞き手が料理を一口食べて「うーん」という表情をしたのを見て）
おいしくないですか？／おいしくありませんか？

しかし、どんな場合でも「Pカ?・」で話し手の見込みの真偽を問題にできるわけではありません。「Pカ?・」で話し手の見込みの真偽が問題にできるのは、あくまで「Pである可能性がある」――話し手の見込みが正しい可能性がある――ということをその場の共通の前提にできる場合に限られます。

例えば、次の例を見てください。

23　レジ係：合計で六八〇〇円になります。
　　客　　：（そんな計算になるはずはないと思って）
　　　　　#え？　あの、ひょっとして、その計算、間違ってますか？

この場合、話し手は「レジ係の計算は絶対に間違っている」と思っています。しかし、レジ係は計算を終えた段階では「自分の計算が間違っている」とは思っていません。このように、話し手と聞き手の認識とが対立していて、「話し手の見込みが正しい可能性がある」ということをその場の共通の前提にできない場合、話し手は自分の見込みの真偽を「Pカ?・」で問うことができません。

また、次の例を見てください。

★この場合、「ない」「ありません」が強く読まれます。

24　（セーターを着ていても寒く感じる部屋で、聞き手はTシャツ一枚で平気な様子でいる。話し手は「Tシャツ一枚だと普通は『寒い』はずだ」と思いながら）
　#Tシャツ一枚だと寒いですか？

　この場合も、話し手は「Tシャツ一枚だと普通は寒いはずだ」と思っています。しかし、当の聞き手の様子は「寒くない」としか言いようがありません。話し手の見込みがその場の状況と対立する場合も、やはり「Pカ？」で話し手の見込みPの真偽を問うことはできないのです。

　このように、「Pカ？」で話し手の見込みの真偽を問うことができない場合に用いられるのが、固定的表現としての「Pナイカ？」★です。

25　レジ係：合計で六八〇〇円になります。
　客　：（そんな計算になるはずはないと思って）
　　え？　あの、ひょっとして、その計算、間違ってマセンカ（間違ってるンジャアリマセンカ）？　（「間違って（る）」を強く読む）

26　（セーターを着ていても寒く感じる部屋で、聞き手はTシャツ一枚で平気な様子でいる。話し手は「Tシャツ一枚だと普通は『寒い』はずだ」と思いながら）
　Tシャツ一枚だと寒くアリマセンカ（寒いンジャアリマセンカ）？
　（「寒く（寒い）」を強く読む）

★22のような否定の見込みの真偽を問題する「〜ないか」（ない＋か）と区別するために、「ナイカ」と表記します。

固定的表現としての「Pナイカ?・」は、聞き手の念頭にない選択肢や、その場の状況とは逆の選択肢を新たに提案し、その真偽を検討するよう求める疑問文です。「話し手の見込みが正しい可能性がある」ということがその場の共通の前提にできる場合は単純に「Pカ?・」と聞けばよいが、話し手の見込みが聞き手の認識やその場の状況と対立している場合は、「Pナイカ?・」で話し手の見込みを「もう一つの追加の選択肢」として新たに提案し、その真偽について検討を求めるという形をとるわけです。

「Pナイカ?・」は「Pカ?・」が使える文脈で用いられることもあります。「話し手の見込みが正しい可能性がある」ということを前提にできるところで、あえてそのようにしないことにより、「話し手の見込みが正しい可能性がある」という前提を聞き手におしつけないという態度が示されることになります。

27a　ちょっとここで待っていてくれますか?
　b　ちょっとここで待っていてくれませんか?
28a　ちょっと飲みに行きますか?
　b　ちょっと飲みに行きませんか?

27a、28aは、「聞き手は待っていてくれる(飲みに行く)可能性がある」という前提に立った質問です。そのため、場合によっては、聞き手の意向を無視した図々しい質問という印象を与えることもあります。

これに対し、27b、28bは、「聞き手は待っていてくれる（飲みに行く）可能性がある」という前提には立たずに、「待っていてくれる（飲みに行く）」ということを「もう一つの追加の選択肢」として新たに聞き手にもちかける文です。話し手の見込みが正しい可能性があるという前提を聞き手におしつけない分、聞き手に対して下手に出ているという印象を与えます。これが「Pナイカ？」の丁寧さです。

もっとも、「待っていてくれませんか」「飲みに行きませんか」の場合、「待っていてくれる（飲みに行く）」ということをわざわざ「もう一つの追加の選択肢」としてもちかけるわけですから、「待っていてほしい（飲みに行こう）」という気持ちはより強く表されることになります。★ そのような気持ちが表に出ることを避けたい場合は、「待っていてくれますか」「飲みに行きますか」のようにあっさりした聞き方をすることになります。これはこれで一つの丁寧さということができます。

一口で「丁寧さ」といっても、その具体的な内容はさまざまなのです。

Q12 方言の微妙なニュアンスって「文法」で説明できるんですか？

微妙なニュアンスは「文法」では割り切れない？

方言の表現には、ことばではうまく説明できない——その方言の話し手だけが実感できる——微妙なニュアンスがあることが少なくありません。例えば、私の母方言である

★実際、口調によっては「懇願」や「説得」になります。

富山県方言には「イジクラシイ」という形容詞があります。大まかにいえば「まとわり★ついてくるものをうっとうしく感じる気持ち」ということなのですが、「イジクラシイ」が持つ微妙なニュアンスをことばで説明することはなかなか難しいものです。

文の末尾につく終助詞(文末詞)も、その方言独特の微妙なニュアンスを表す表現として話題にのぼることが多いものです。時には、終助詞が表す微妙な気持ちを「文法」で割り切ることはできないのではないかという声も聞こえてきます。例えば、富山県の隣の石川県で発行されている『北國新聞』に「頑張り★まっし金沢ことば」という記事が連載されたことがありますが(一九九四年)、その中の「なぞの文末詞、かっこいい**ジー**」という記事は次のような一節で終わっています。

> 金沢の人はなぜ文末に「ジー」をつけるのか。こればかりは地元の言語学者のなぞでもある。

確かに、終助詞の微妙なニュアンスをすべてことばで説明することはできません。しかしその一方で、終助詞の意味が決して微妙なニュアンスだけから構成されるわけではないことも事実です★。例えば、東京方言の「さ」について少し考えてみましょう。

1 (「そんなこと当たり前だろう」という気持ちで)そりゃ、そう**さ**。

2 (何をやってもうまくいかない聞き手をなぐさめるように)
がんばれば、きっとそのうち、いいこともある**さ**。

★例えば、目に前髪がかかって「うーん、うっとうしい」と感じるあの感じです。

★この連載は一九九五年に単行本になりました(北國新聞社編集局編『頑張りまっし金沢ことば』、北國新聞社(金沢))。

★その意味で、「なぞ」というのは、いささか大げさなところがあります。

3　（あきらめの気持ちで）どうせオレはダメな男**さ**。

これらの例はそれぞれニュアンスが違いますが、一つ共通することがあります。それは「この件についてはこれ以上考える必要はない」という気持ちです。例えば、1は「あらためて考えるまでもなく当然だ」という気持ちで発される文ですし、2、3も、それぞれ「あれこれ考えてもしかたがない（くよくよするのはやめよう）」、「あれこれ考えてもムダだ（ダメな男だという結論にかわりはない）」という気持ちを含んだ文です。もちろん、これで「さ」が持つニュアンスが十分に説明できるわけではありませんが、「さ」の意味の基本的な部分はけっこうシンプルな形で説明できることがわかります。

方言の終助詞についても、その意味の基本的なところは意外にシンプルでわかりやすいものです。以下では、私の故郷である富山県井波町の方言で用いられる終助詞をいくつか紹介しましょう。

命令形につく終助詞——「ヤ」「マ」「カ」——

まずは動詞の命令形につく終助詞から見ましょう。

4　（写真をとる直前に「動いてはならない」と聞き手に念押しする）
写真撮ッサカイ、動クナ**ヤ**↗。★（写真撮るから、動くなよ↗）
（しかし、写真を撮ろうとしたところで聞き手が動いてしまった）

★以下、「↗」は文末で上昇することを表し、また、矢印のない「。」は文末で上昇せずに低く抑えられて発されることを表すものとします。

オイ、動クナ**マ**。（おい、動くなよ。）

標準語の「動くなよ↗」は「念押し」の気持ちを含んだ命令です。また、「動くなよ。」は「話し手の意向とは逆の状況がある」（この場合「話し手の意向に反して動いた」）という気持ちを含んだ命令です。標準語ではこのような意味の違いが文のイントネーションの違いで表されますが、井波町方言では同じ意味の違いが「動クナヤ」「動クナマ」という別の終助詞を用いることによって表されます。★

標準語の「命令形＋よ。」は、聞き手に対する軽い懇願や説得の気持ちを含んだ命令として使われることがあります。「自分の意向は聞き手の意向にそわないかもしれないが」という気持ちで命令していることを「よ。」で表すわけですが、これも井波町方言では「マ」で表されます。

5　空イタ席 アルカドウカ、チョッコ 見テキテ**マ**。（空いた席があるかどうかちょっと見てきてよ。）

6　ソンナ ケチナコト 言ワント、チョッコ 見シテ**マ**。（そんなケチなこと言わないで、ちょっと見せてよ。）

井波町方言には「命令文＋カ」という言い方もあります。先の「命令形＋ヤ」「命令形＋マ」が「こうしなければならない」と聞き手に義務を課す（動作を強制する）命令を表すのに対し、「命令文＋カ」は、「こうすればよい」と聞き手の行為を許容・放任する

★「ヤ」は「ヤ↗」でも「ヤ。」でも念押し的な命令になります。また、「マ」も「マ。」でも「マ↗」でも「話し手の意向とは逆の状況がある」という気持ちを含んだ命令になります。

ことによって聞き手に行為をさせることを表します。

7　（「休めばいいよ」という気持ちで）
チョッコ　休メ**カ**。（ちょっと休め。）

8　（そのへんにおいておけばよい、という気持ちで）
ソノヘンニ　オイトイテ**カ**。（そのへんにおいといて。）

標準語でも、「行きたければ行け」「好きなようにしろ」のような命令文は、強制ではなく許容・放任的な意味の命令を表しますが、★井波町方言にはそのような命令を表す専用の形式があるわけです。

「ゼ」――既成知識と現実との食い違いに対するとまどい――

次に平叙文につく終助詞について見ていきます。まずは「ゼ」です。

9　（さっきまでこの場にあった鉛筆がないことに気づいて）
アレ？　ココニアッタ鉛筆　ナイ**ゼ**↗。サッキマデ　ココニ　アッタガヤ**ゼ**↗。
（あれ？　ここにあった鉛筆がないぞ↗。さっきまでここにあったんだぞ↗）

「ゼ」が表すのは、「話し手の既成知識や予想、期待と逆のことがらが存在することにとまどいを感じている」という気持ちです。9では、「さっきまでここにあったのに（既

★仁田義雄（一九九一）『日本語のモダリティと人称』（ひつじ書房）をごらんください。

ます。

成知識）、今この場にない（現実）。どういうこと？」という気持ちが「ゼ」で表されてい実）。一体どうしたの？」と心配する気持ち、「聞き手はふだん背広を着ないのに（既成知識）、珍しく背広を着ている（現実）。一体どうしたの？」とからかう気持ちが「ゼ」で表されています。「心配」と「からかい」ではずいぶん違うように思えますが、「一体どうしたの？」という気持ちが背景にある点は同じです。

次の例でも、「聞き手はふだんもっと顔色がいいのに（既成知識）、今は顔色が悪い（現

10 （聞き手の顔色がいつもに比べて悪い）
アンタ、顔色 ワルイゼ↗。ドウシタガ？
（あなた、顔色が悪いじゃない。どうしたの）

11 （ふだん背広を着ない聞き手が珍しく背広を着ている）
アレ？ アンタ、背広 着トルゼ↗。何カ アッタガ？
（あれ？ あなた、背広を着てるじゃない。何かあったの？）

次の例では、願望と実情とが一致せずに困っているという気持ちが「ゼ」で表されています。

12 （困った表情で）
最近 アツテ ナン 寝レンガイゼ。（最近暑くて全然寝られないんですよ。）

「やったぜ！」とか「う〜ん、やっぱり夏はビールに限るぜ！」のような「ぜ」とはずいぶん趣が違うことがおわかりいただけることと思います。

「ワ」――その場での個人的見解――

次に「ワ」★です。

「ワ」は「自分が判断する（見る、知る）かぎりではこうだ」という「今この場での個人的見解」を述べる表現です。典型的には、その場での個人的な判断を示したり、個人的な感覚や記憶の範囲内で物事を述べたりする場合に用いられます。

13 （「これ誰の？」と聞かれて）
タブン　オラノガヤ**ワ**。（（私が見るかぎりでは）たぶん私のだよ。）

14 （料理を一口食べて）
ア、コリャ　ンマイ**ワ**。（あ、これはうまいよ。（私はそう感じる））

15 （聞き手の背中に何かついているのが見えた）
アンタ　背中ニ　ナンカ　ツイトル**ワ**。（あなた、背中に何かついているよ。（自分にはそう見える））

16 （会議の開始時刻を聞かれて）
確カ　三時ヤ**ワ**。（（私の記憶では）確か三時だよ。）

★標準語では「わ」は女性語とされていますが、井波町方言では男女ともに「ワ」を使います。

「ワ」を用いた文はあくまで「自分が見る（知る、考える）かぎりではこうだ」という意味になりますから、話し手自身の名前や出身地のように話し手がよく知っていることがらについて述べるときには、「ワ」は用いられません。

17　甲：アンタ、ドコノ人ケ？（あなたはどこの人ですか）
　乙：a　オラケ？　オラ、井波ヤ。（私ですか？　私は井波です）
　　b　#オラケ？　オラ、井波ヤ**ワ**。

「ジャ」――現実にそった認識の修正――

「ジャ」は「現実にそった認識の修正」を表す終助詞です。話し手のそれまでの認識の修正を迫るような現実に接し、話し手がその場で「これまでの認識を改めなければならない（改めざるをえない）」と感じていることが「ジャ」★で表されます。

18　（聞き手が指さした女の子が意外にも自分の娘であることに気づき）
　ア、ヨー見タラ、オラトコノ　娘ヤ**ジャ**。
　（あ、（自分の娘とは思っていなかったが）よく見たら、うちの娘だよ。）

19　（「本当にうちの娘か？」と思って再度よく見たら、やはり自分の娘だった）
　ヤッパ　オラトコノ　娘ヤ**ジャ**。
　（（自分の娘ではない可能性も考えたが、見たら）やっぱりうちの娘だよ。）

★標準語では「あ、意外にうまいや」「あ、けっこう重いや」の「〜や」がこれに近い意味を表します。

20（一見軽そうな荷物を持ってみたらけっこう重かった）
ア、ケッコー 重イジャ。（あ、（そんなに重いとは思わなかったが、持ってみたら）けっこう重いや。）
21（難しいと思っていたことが意外に簡単にできた）
アラ、ヤッテミタラ、デキタジャ。（あ、（やってみたら）できたよ。）
「（考えてみたら）～するのを忘れていた」、「（今から思えば）こうすべきであった」という気持ちの文にも「ジャ」がよく用いられます。「これまで思い違いをしていた（認識を改めないと）」、「これまでの考えは甘かった（認識を改めないと）」という気持ちが「ジャ」で表されるわけです。
22（スープの味見をして、塩を入れるのを忘れていたことに気づいた）
アリャ、塩 入レルガ 忘レトッタジャ。（あ、（考えてみたら）塩を入れるのを忘れてたよ。（思い違いをしていた））
23（傘を持ってこなかったことを後悔して）
ヤッパ 傘 持ッテクルガヤッタジャ。（（今から思えば）やっぱり傘を持ってくるんだったよ。（考えが甘かった））
聞き手に対して単刀直入には言いにくいことを述べるときにも「ジャ」がよく用いられます。「自分としてはこう思いたくないという気持ちもあるが、やはり現実はこうであると認識せざるをえない」という形で述べることにより、「本意ではないが言わざるをえない」という気持ちを暗示するわけです。

24　（聞き手の「社会の窓」が開いているのに気づいて、少し言いにくそうに）
アンタ、チャック　アイトル**ジャ**。（あなた、チャックがあいているよ。）

25　アンタ、モー　チョッコ　シッカリセンナ　アカン**ジャ**。
（（いろいろ事情もあろうが）あなた、もう少ししっかりしなきゃだめだよ。）

「チャ」――話し手にとっての既定事項――

最後にとりあげるのは、富山県方言の代表的な終助詞である「チャ★」です。これは余談ですが、私の実家の近くにある「木彫りの里」という施設では「アラ元気ヤ茶」という缶入りの健康茶を売っています。しゃれとしての出来はともかく、「チャ」が富山県方言の代表的な表現として意識されていることがよくわかります。

その「チャ」が表すのは、「このことは、すでに真であることが定まっている既定事項である」という気持ちです。例えば、次の26では「自分にとって自明のことだ」という気持ちが「チャ」で表されています。また、27では既成事実としての実情を告白するのに「チャ」が用いられています。

26　（「そんなことは当たり前だ」という気持ちで）

★富山県方言は「チャーチャーことば」と呼ばれるくらい、「チャ」という言い方がよく出てきます。例えば、「わたしたち」は「オラッチャ」ですし、「あなたっておもしろい人だねえ」も「アンタチャ、オモシロイ人ヤネー」となります。

ソリャ、ソーヤ**チャ**。（そりゃそうだよ。）

27　（「実は…」という気持ちで）

オラ　アンマ　寝トランガイ**チャ**。（（実は）私、あんまり寝てないんだよ。）

「チャ」は聞き手に対して何かを保証する場面でよく用いられます。「このことはすでに真であることが定まっているのだから、余計なことを考える必要はない」という気持ちで「チャ」を用いるわけです。

28　（「心配する必要はない」と聞き手を励ます）

コングライ　ドモナイ**チャ**。（これぐらい大丈夫だよ。）

29　甲：アンタ、ドースル？（あなた、どうする？）

乙：（「私はここで待っているから安心しろ」くらいの気持ちで）

オラ、ココデ　マットッ**チャ**。（ぼくはここで待ってるよ。）

次の30では、「このことは自分の中ですでに決着がついている（だから、これ以上言うな）」という気持ちが「チャ」で表されています。

30　（「やるしかない」と観念して）

ワカッタ**チャ**。ヤッ**チャ**。ヤリャ　イーガヤロ。

（わかったよ。やるよ。やればいいんだろう。）

聞き手をさとしたり説得したりする場面でもよく「チャ」が用いられます。「あなたが何と言おうと、私の考えはすでにこの線で固まっている」というわけです。

31 (聞き手をさとすように)
アンタネー、ソンナコト ユータラ アカン**チャ**。
(あなたねえ、そんなこと言っちゃだめだよ。)

32 (頼みをなかなか引き受けてくれない聞き手に懇願する)
頼ン**チャ**。(頼むよ。(この場は君に頼むしかない))

「すでに真であることが定まっている」ということは「自分の力ではどうにもならない」という気持ちとも結びつきやすいものです。実際、「チャ」が「諦念」のニュアンスで用いられることも少なくありません。

33 (悟ったように)
イヤ、ナカナカ ウマイコト イカンモンヤ**チャ**。
(いや、なかなかうまくいかないもんだよ。)

このように、「チャ」は「話し手にとっての既定事項」ということを核にしつつ、実にさまざまなニュアンスで用いられます。「チャ」がいろいろなニュアンスで用いられるのは、決して「チャ」そのものの意味が複雑なのではなく、「話し手にとっての既定事項」ということがいろんなニュアンスと結びつきうるということなのです。

なお、「チャ」を長くのばして発音した「チャー↗」は、すでに定まっている自分の意向をあらためて聞き手に念押ししたり（例34、35）、「いやあ、（何度考えてみても）本当に…だねえ」という感嘆の気持ちを表したりします★（例36）。後者の場合、「何度考えてみても、この思いはかわらない」というあたりが「話し手にとっての既定事項」ということと結びつくのかもしれません。

34 オラ、サキ 行ットル**チャー**↗。（私、先に行っているよ↗）

35 頼ン**チャー**↗。（頼むよ↗）

36 （お互いに「いやあ、本当に久しぶりだ」という気持ちで）

甲：アンタ、ホンマ 久シブリヤ**チャー**↗。（あなた、本当に久しぶりだねえ。）

乙：ホンマヤ**チャー**↗。（本当だよねえ。）

「方言」を一つの言語として見る

さて、いかがでしょうか。多少わかりにくいところもあったかと思いますが、少なくとも、方言の終助詞の意味が決して「母語話者にしかわからない微妙なニュアンス」だけから構成されるわけではないことはわかっていただけたのではないかと思います。

言語には「母語話者にしかわからない微妙な部分」と「母語話者以外にも十分理解で

★先に紹介した「アラ元気ヤ茶」も、実際に発される場合は、「アラ、アンタ元気ヤチャー」（いやあ、あなた（本当に）元気ですねえ）という感じの文になります。

きる部分」とがあります。「方言」について語るときにはどうしても前者の部分がクローズアップされがちですが、それはあくまで方言が持つ一つの側面にすぎません。方言を一つの言語としてとらえるには、単に方言の微妙な味わいを楽しむだけでなく、方言を分析的にみつめ、方言に「母語話者以外にも十分理解できる部分」がたくさんあることを知ることが大切です。

章末問題

問1　次の例を参考にして、また自分でもいろいろな例を集めて、「だろう」「らしい」「ようだ」「かもしれない」の意味の違いについて考えなさい。

1　**a**　明日は晴れるかもしれないし、晴れないかもしれない。
　　b　*明日は雨が降るだろうし、降らないだろう。
　　c　*明日は雨が降る{らしい／ようだ}し、降らない{らしい／ようだ}。

2　（ビールを飲みにいこうと誘われたが、財布の中には二千円しかない）
　　a　二千円で足りるかなあ。まあ、何とかなるだろう。
　　b　*二千円で足りるかなあ。まあ、何とかなる{らしい／ようだ}。

3　（ドアをノックしたが返事がない）
　　どうも誰もいないらしい。／どうやら誰もいないようだ。

4 （少し古くなった食べ物のにおいをかいで）
a まあ、傷んではいない｛らしい／ようだ｝。
b まあ、傷んではいないだろう。

5 （学生が全員集まったのを見て）
a えーと、全員そろいましたね。
b えーと、全員そろった｛ようです／*らしいです｝ね。

6 （料理の味見をして）
a うーん、ちょっと甘すぎるなあ。
b うーん、ちょっと甘すぎる｛ようだ／*らしい｝。

7 （料理の味見をして）
うーん、ちょっと甘すぎるなあ。砂糖を入れすぎた｛ようだ／らしい｝。

8 （病院での診察を終え、帰宅後、妻に）
a 大したことはないようだ。
b 大したことはないらしい。

9
a 天気予報によれば、明日は大雪になるらしい。
b *天気予報によれば、明日は大雪になるようだ。

問2 中国語を母語とする日本語学習者は、「～から」と言えばよいところを、次のように「～んですから」と言うことがあります。「～んですから」が自然に使えるのはどういう場合かを考えた上で、「~んですから」の使い方を説明する方法を考えなさい。
●このあたりは空気が汚いんですから、まめにうがいをしてくださいね。

第五章

他のことばと関連づけて考える

Q13 富山県の方言では「これは私のだ」を「これは私ノガだ」のように言うのですが、この「ガ」って何ですか？

方言の文法はおもしろい

文法について考える際に方言は興味深い対象です。実際、方言には標準語には見られない興★味深い現象が数多く観察されます。いくつか例をあげましょう。

① 標準語の「ている」は、「本を読んでいる」(=本を読んでいるところだ)のように「動作の進行中」を表す場合と、「窓が開いている」(=窓が開いた状態だ)のように「変化の結果残存」を表す場合とがありますが、方言によってはこの二つが形式上区別されます。

1 愛媛★県宇和島方言

a 教室ニ入ッタラ、先生ガ窓、開ケヨッタ。僕モ手伝ウタンヨ。(開けていた、開けているところだった：進行中)

b 教室ニ入ッタラ、誰カガ窓、開ケトッタ。風ガ強カッタケン、閉メタンヨ。(開けていた、開けた状態であった：結果残存)

② 標準語では、「心情的・能力的に…できる」という場合(能力・心情可能)も、「外的な要因によって…できる」という場合(状況可能)も同じ形が用いられますが、方言に

★国立国語研究所編『方言文法全国地図』(財務省印刷局)をぜひごらんください。いろいろなタイプの表現について、全国各地でどのような形が使われているかがよくわかります。

★工藤真由美(一九九五)『アスペクト・テンス体系とテクスト』(ひつじ書房)より

よってはこの二つが異なる形式で表されます。

2　大阪方言★

a　「ラブレターなんかはずかしくて」ヨー　書カン。

「「ユウウツ」なんていう字はむずかしくて」ヨー　書カン。

（心情的・能力的に「書けない」：能力・心情可能）

b　「便せんがないから手紙を」書カレヘン。

（外的な要因により「書けない」：状況可能）

③「話し手が聞き手のところに移動する」ことを述べる場合、標準語では「行く」と言いますが、方言によっては聞き手の立場にたって「来る★」を用いることがあります。

3　福岡方言★

（電話での会話）「今カラ　コッチニ　来ン（来ない）？」

「ウン、ジャ　スグ　来ルケン（行くから）。」

終助詞（文末詞）の意味が標準語と一味違うことはQ12で見たとおりです。

質問の「これは私ノガだ」という言い方もなかなか興味深い現象です。また、この問題は単に「方言の文法」という枠におさまらない広がりを持っています。以下、順を

★渋谷勝己（一九九四）「日本語可能表現の諸相と発展」（『大阪大学文学部紀要』三三号一巻）より

★英語でも「入ってよろしいですか」はMay I come in? のように言います。

★陣内正敬（一九九一）「「来る」の方言用法と待遇行動」（『国語学』一六七集、国語学会）より

追って見ていくことにしましょう。

標準語の二つの「の」と富山県方言の「ノ」「ガ」

標準語には二つの「の」があります。一つは、5のように名詞を修飾する要素をつくる連体助詞の「の」、もう一つは、名詞を代用したり、6のように文を名詞化したりする形式名詞の「の」です。

5a　私の本、机の上、三冊の本、教え子からの手紙
b　担任の井上先生、首都の東京

6a　私が持ってきたのはこれだ。［形式名詞（名詞の代用）］
b　彼が来るのを待つ。［形式名詞（文の名詞化）］

6aの「の」は「私が持ってきたもの」に近い意味を表します。「私が持ってきた本（食べもの、飲みもの…）」の主名詞★の部分を「の」で代用しているわけです。また、6bでは、「彼が来る」という文が「の」でくくられ、「彼が来るの」全体で一つの名詞相当の句になっています。名詞句の主要部の位置にくる「の」、それが形式名詞の「の」です。

★「主要部」としての名詞のことを「主名詞」というのでした。Q7をごらんください。

7 a

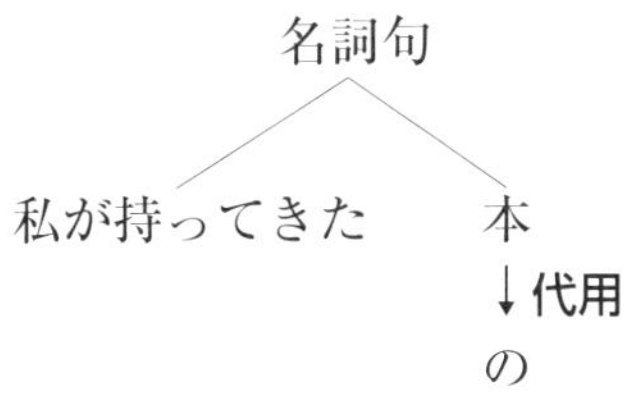

b

標準語にはこのように二つの「の」がありますが、富山県方言ではどうでしょうか。

まず、連体助詞の「の」は富山県方言でも「ノ」です。

8 a 私ノ本、机ノ上、三冊ノ本、教エ子カラノ手紙

b 担任ノ井上先生、首都ノ東京

一方、形式名詞の「の」は富山県方言では「ガ」★（発音は鼻濁音）になります（便宜上、以下では「ガ」の部分のみを方言形で示します）。

9 a 私が持ってきたガはこれだ。 ［形式名詞（名詞の代用）］

b 彼が来るガを待つ。 ［形式名詞（文の名詞化）］

★「のだ」「ので」「のに」の「の」も、富山県方言では「ガ」になります。「ドコ　行クガ？」（どこに行くの？）、「時間　ナイガデ」（時間がないので）、「マダ若イガニ」（まだ若いのに）

「これは私ノガだ」の「ガ」もこの形式名詞の「ガ」です。つまり、「私ノ本（食べもの、飲みもの…）」の主名詞の部分を「ガ」で代用しているわけです。

10

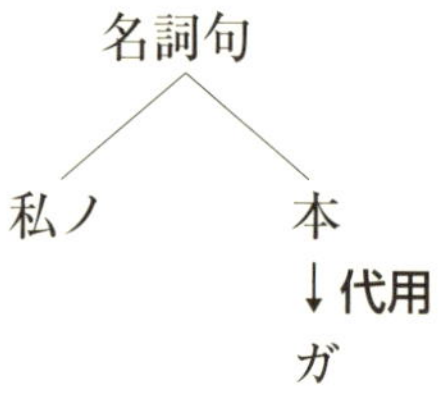

「これは私のだ」の「の」って何?

このように、富山県方言の「私ノガ」については、「ノ＝連体助詞」「ガ＝形式名詞」のように分析することができます。標準語の感覚からすると不思議な言い方かもしれませんが、構造自体はたいへんわかりやすいものなのです。むしろ説明がやっかいなのは、標準語の「これは私のだ」の「私の」です。以下、この点について少し見ていきましょう。

「の」削除説

すぐに思いつくのは、「これは私のだ」の「の」は連体助詞であり、「私の」は何らかの主名詞（例えば「本」）が削除されてできたものである、という説明です。仮に「削除説」と呼ぶことにしましょう。

11　これは私の本だ。

←主名詞削除

これは私の　だ。

たいへんシンプルでわかりやすい説明です。しかし、実はこの説明、どうもすっきりしないところがあります。どこがすっきりしないのか、少し説明しましょう。次の例を見てください。

12 a　これは私が持ってきた本だ。　→　*これは私が持ってきただ。

b　この本はおもしろい。　→　*このはおもしろい。

c　こんな本を読みたかった。　→　*こんなを読みたかった。

一見して明らかなように、12の例では主名詞の削除はできません。なぜでしょうか。主名詞とは名詞句における主要部のことです。また、主要部というのは句の中心要素のことです。句の中心要素を削除して修飾要素だけを単独で用いるというのは、柱のないところに家を建てるようなもので、いかにも不自然な話です。12の例で主名詞「本」が削除できないのも、「主要部は削除できない」という一般原則があるからと考えるのが自然でしょう。

では、なぜ「これは私のだ」においては主名詞の削除が可能なのでしょうか。もしそこに何か必然的な理由があるのであれば、「一般に主要部は削除できない。しかし、『名詞の名詞』という構造については、カクカクシカジカの理由で主名詞が削除できる」という説明をすればよいことになります。しかし、ざっと考えるかぎりでは、そのような理由は思いつきません。

また、同じ「名詞の名詞」でも、次のように主名詞がモノ以外のもの（人や場所）を表す場合は主名詞の削除はできません。

13 a　あの人は彼の奥さんだ。→ *あの人は彼のだ。

b　椅子の上にのぼる。→ *椅子のにのぼる。

削除説では、「一般に主要部は削除できない。しかし、『名詞の名詞（モノ名詞）』の場合に限っては、カクカクシカジカの理由で主名詞が削除できる」という説明をすることになります。しかし、「名詞の名詞（モノ名詞）」に限って主名詞が削除できることをすっきりと説明するのは、どうも難しいところがあります。

いかがでしょうか。だんだん「すっきりしない」という感じがしてきたのではないでしょうか。「わかりやすい説明」が即「自然な説明である」とはいえないということがおわかりいただけるかと思います。

融合説

では、どうすれば「これは私のだ」の「の」についてより自然な説明が与えられるのでしょうか。ここでは、先に富山県方言の「私ノガ」についておこなった説明を応用することを考えてみましょう。すなわち、次のような説明です。

14	標準語	富山県方言
	これは私の本だ。	これは私ノ本だ。
	↓ 主名詞を形式名詞「の」で代用	↓ 主名詞を形式名詞「ガ」で代用
	これは私ののだ。	これは私ノガだ。
	↓「のの」が「の」に融合	
	これは私のだ。	

富山県方言では、主名詞を形式名詞「ガ」で代用すればそれで終わりになります。しかし、標準語では、主名詞を形式名詞「の」で代用すると「私のの」のような同音連続が生じます。そのため、連体助詞の「の」と形式名詞の「の」が融合して「私の」となる、というわけです。この説明を「融合説★」と呼びましょう。

融合説は一見複雑なように見えますが、削除説にはないいくつかの利点があります。

第一に、「主要部は削除できない」という一般原則に対する特殊な例外をつくる必要がありません。もちろん、「私のの→私の」という語形の融合が起こるという点はいさ

★この問題については、藤田尚子（一九九九）「『コレハ私ノダ。』における『ノ』の性質」（『地域言語調査研究法』、おうふう）もごらんください。

さか特殊ですが、それは「一般原則に反して例外的に主要部が削除できる」というのに比べれば「ご愛嬌」程度のものといってよいでしょう。

第二に、標準語の「これは私のだ」と富山県方言の「これは私ノガだ」とを基本的に同じメカニズムのもとで説明できます。もちろん方言も一つの言語ですから、標準語とは異なる文法を持っていても不思議ではありません。しかし、二つの言語に対して同じ説明を与えられるのであれば、その方がより一般性の高い説明といえます。

第三に、削除説ではすっきりと説明できない13の現象が簡単に説明できます。

15(=13) a　あの人は彼の奥さんだ。　→　*あの人は彼のだ。

b　椅子の上にのぼる。　→　*椅子のにのぼる。

「人」「上」は形式名詞「の」では代用しにくい名詞です。例えば、「君が紹介してくれた人に会った」、「きれいに掃除した上を歩く」を「*君が紹介してくれたのに会った」、「*きれいに掃除したのを歩く」といいかえることはできません。融合説では、「の」による代用のプロセスが含まれますから、15が不自然なことも『の』で代用しにくい名詞が主名詞になっているから」というふうに簡単に説明できます。

融合説にも欠点あり

しかし、融合説ですべて解決というわけではありません。融合説では「のの→の」という融合を考えるわけですが、これが自然な説明になっているかという問題が残されています。

例えば、次に示すように、同じ「の」の連続でも「形式名詞『の』＋連体助詞『の』」の場合は融合は起こりません。

16 a　あなたが食べた料理の値段
　 b　あなたが食べたのの値段／*あなたが食べたの値段

「連体助詞『の』＋形式名詞『の』」の場合にのみ融合が起こるとすれば、当然その理由を説明しなければなりません。

また、先に、「私のの→私の」という融合が起こるというのは「一般原則に反して例外的に主要部が削除できる」というのに比べれば「ご愛嬌」程度のものだろうと言いました。しかし、本当にそのように言えるかどうかは検討が必要です。日本語に見られる語形の融合現象を広く観察した結果、「のの→の」という融合がきわめて例外的なものであったとしたら、融合説もすんなりとは受け入れられないということになります。融合説で問題は解決、というわけにはいかないのです。

方言の文法を研究することの意義

いつのまにか、富山県方言の「これは私ノガだ」の「ガ」って何？という話が、標準語の「これは私のだ」の「の」って何?という話にかわってしまいました。「方言のこの言い方って何?」という問題が「標準語のこの言い方って何?」という問題にかわってしまったわけです。

方言の文法というと、標準語の文法と異なる部分がクローズアップされることが多いこともあり、無意識のうちに「標準語の文法に比べて特殊である」という先入観で見てしまいがちです。しかし、実際は方言の文法は決して特殊なものではありません。「これは私のだ」「これは私ノガだ」のように、方言の現象の方がむしろ説明が容易というケースも少なくありません。方言の文法について考えることは、標準語の文法を相対的な視点から見直す上でもたいへん重要な意味を持つのです。

読者のみなさんの中にも、方言を母語とする方は少なくないと思います。ぜひ一度、標準語と比較しながら、自分の母語の文法について分析してみてください。きっとおもしろいことが発見できると思います。

Q14 日本語の文法について考えることは、外国語の文法について考える上で何か役に立つことがありますか?

外国語を勉強していると「え、なんで?」と思うことがらにでくわすことがあります。そんな時は「こういうものなのだ」とわりきって覚えるのも一つの手です。しかし、「え、なんで?・」ということがらの中には、日本語と関連づけて考えると自然に理解できるものもけっこうあります。「外国語の現象を理解するためのヒントが日本語の中にある」というわけです。ここではそのような例を二つ紹介します。

韓国語の副詞「더《ト》」と日本語の「もっと」「もう」

まず、「累加」の意を表す韓国語の副詞「더《ト》」について考えます。

1 a　더《ト》　많이《マニ》　주세요《チュセヨ》。
　　さらに　たくさん　ください

　b　좀《チョム》　더《ト》　주세요《チュセヨ》。
　　少し　さらに　ください

1に示したように、「더《ト》」は、「많이《マニ》(たくさん)」とともに用いられる場合は「더《ト》 많이《マニ》~」という語順をとり、「좀《チョム》」(少し)とともに用いられる場合は「좀《チョム》 더《ト》~」という逆の語順をとります。一見不思議な感じがしますが、実はこの現象を理解することはそう難しいことではありません。それは、これに対応する現象が日本語にも見られるからです。それは「もっと」と「もう」の使い分けです。

2 a　{もっと/*もう}たくさんください。(=1a)

　b　{*もっと/もう}少しください。(=1b)

「たくさん」「少し」に限らず、一般に日本語で「もっとX」となる場合は韓国語では「더《ト》X」、日本語で「もうX」となる場合は韓国語では「X더《ト》」となります。「もっと」「もう」の使い分けと同じ原理が「더《ト》」の位置の決定にはたらいているわけです。

3 a **もっと**速く歩け。　（* **もう**速く歩け。）
　b 더《ト》　빨리《パルリ》　걸어라《コロラ》。　（*빨리《パルリ》 더《ト》 걸어라《コロラ》。）
　　さらに　速く　歩け

4 a **もう**一つください。　（* **もっと**一つください。）
　b 하나《ハナ》　더《ト》　주세오《チュセヨ》。　（*더《ト》 하나《ハナ》 주세오《チュセヨ》。）
　　一つ　さらに　ください

では、「もっと」「もう」の使い分け及び「더《ト》」の位置の決定にはたらく共通の原理とは何でしょうか。このことを考えるために、「もっと」を用いる「たくさん、速く」と、「もう」を用いる「少し、一つ」の文法的性質について少し考えてみます。

まず、「たくさん、速く」は「とても、かなり、けっこう」などの程度副詞で修飾できますが、「少し、一つ」は程度副詞では修飾できません。

5 a とても(かなり、けっこう)たくさん食べた。
　b とても(かなり、けっこう)速く歩いた。

6 a *とても(かなり、けっこう)少し食べた。

b　＊とても（かなり、けっこう）一つ食べた。

また、「XがYより〜」という比較構文において、「たくさん、速く」は単独で使えますが、「少し、一つ」は単独では使いにくいところがあります。

7 a　太郎は花子よりたくさん食べた。
　b　太郎は花子より速く歩いた。

8 a　?太郎は花子より少し★食べた。（言うとすれば「少し多く食べた」）
　b　＊太郎は花子より一つ食べた。（言うとすれば「一つ多く食べた」）

これらの現象は次のことを示唆するものです。

9 a　「たくさん」は、「速く」と同様、〈性質〉を表す表現である。
　b　「少し」は、「一つ」と同様、純粋に〈数量★〉を表す表現である。

「速く」が動作の様態の性質を表すのと同様、「たくさん」は量の性質を表すわけです。「少しずつ、一つずつ」とは言えても「＊たくさんずつ」とは言えないことも、「たくさん」が純粋な〈数量〉の表現ではないことを示しています★。

同じことは韓国語にもあてはまります。

★「少しは」であれば、「太郎も花子もあまり食べなかったが、花子に比べれば、太郎は少しは多めに食べた」という意味で「太郎は花子より少しは食べた」と言えます。

★「たくさん」と同じ性質を示す〝少量〟の表現は「少なめに、少なく」です。（例：太郎はたいへん少なめに食べた。太郎は花子よりも少なく食べた。）

★「大量」と「少量」も文中での使われ方は違います。
「化学調味料を｛大量に／＊大量｝使う」
「化学調味料を｛少量／＊少量に｝使う」

10 a 아주《アジュ》 많이《マニ》 먹었다《モゴッタ》。
とても たくさん 食べた

b 아주《アジュ》 빨리《パルリ》 걸었다《コロッタ》。
とても 速く 歩いた

11 a *아주《アジュ》 좀《チョム》 먹었다《モゴッタ》。
とても 少し 食べた

b *아주《アジュ》 하나《ハナ》 먹었다《モゴッタ》。
とても 一つ 食べた

12 a 다로는《タロヌン》 하나코보다《ハナコボダ》 많이《マニ》 먹었다《モゴッタ》。
太郎は 花子より たくさん 食べた

b 다로는《タロヌン》 하나코보다《ハナコボダ》 빨리《パルリ》 걸었다《コロッタ》。
太郎は 花子より 速く 歩いた

13 a ?다로는《タロヌン》 하나코보다《ハナコボダ》 좀《チョム》 먹었다《モゴッタ》。★
太郎は 花子より 少し 食べた

b *다로는《タロヌン》 하나코보다《ハナコボダ》 하나《ハナ》 먹었다《モゴッタ》。
太郎は 花子より 一つ 食べた

「もっと」「もう」の使い分け及び「더《ト》」の位置の決定にはたらく共通の原理とは、

★この文も、「太郎も花子もあまり食べなかったが、花子に比べれば、太郎は少しは多く食べた」という意味の場合は自然さが増すようです。

「〈性質〉の表現か〈数量〉の表現か」ということだといえそうです。

ここまでくれば、〈性質〉の表現か〈数量〉の表現かで「더《ト》」の位置が異なる理由についてもある程度の見通しがたてられます。まず、「더《ト》 많이《マニ》 먹다《モクタ》」（もっとたくさん食べる）、「더《ト》 빨리《パルリ》 걷다《コッタ》」（もっと速く歩く）が表すのは「多さ／速さ」の累加です。この場合、累加の対象は「多い／速い」という性質の程度です。これに対し、「좀《チョム》 더《ト》 먹다《モクタ》」（もう少し食べる）、「하나《ハナ》 더《ト》 먹다《モクタ》」（もう一つ食べる）が表すのは「食べる」という動作を「少し／一つ」という数量分だけ累加するということです。つまり、累加の対象は「食べる」という動作です。どうやら、韓国語の「더《ト》」の位置については、

14 「더《ト》」は「累加の対象の直前」に置かれる。

ということがいえそうです。次の例でも、「더《ト》」は累加の対象である「食べた」の直前に置かれています。「食べる」という動作を花子よりも「少し／一つ」という数量分だけ余計におこなった、というわけです。★

15 a 다로는《タロヌン》 하나코보다《ハナコボダ》 좀《チョム》 더《ト》 먹었다《モゴッタ》。
太郎は 花子より 少し さらに 食べた
（太郎は花子より少し多く食べた）

b 다로는《タロヌン》 하나코보다《ハナコボダ》 하나《ハナ》 더《ト》 먹었다《モゴッタ》。
太郎は 花子より 一つ さらに 食べた

★この場合、日本語では「?太郎は花子よりもう少し（もう一つ）食べた」とは言えません。

（太郎は花子より一つ多く食べた）

韓国語に関する知識があれば、「더《ト》」に関してこれよりもくわしい分析ができるでしょう。しかし、日本語をヒントにして韓国語について考える（もちろん韓国語のネイティブのチェックは必要）というだけでも、この程度の分析ができるわけです。「韓国語に関する知識がある」ことと「韓国語について考える」こととは一応別の問題なのです。

中国語の程度副詞「很《ヘン》」

次に、中国語の程度副詞「很《ヘン》」について考えます。

「很」は「たいへん、とても」という意味の程度副詞です。この「很」については、中国語学習の初期の段階で次のようなことを習います。

Ⅰ　肯定形の平叙文では、形容詞が単独で用いられている場合、前に「很」をつける。その際、「很」の程度を表す意味はすでに弱まってしまっている。★

（中山時子監修、鹿琮世ほか編著『新しい中国語語法』、東方書店、一二四ページ）

例えば、「今日は天気がいい」ということは、

16　今天天气很好。（直訳：今日は天気がたいへんよい）

のように言いますが、その場合の「很」は「たいへん、とても」という意味は表さない

★この場合、「很」は弱く読まれます。「很」を強く読んだ場合は「たいへん、とても」という意味を表します。

というわけです。ただ、そのように説明されても、なぜ単に「天気がいい」ことを述べるのに「很」をつけるのか？という素朴な疑問は残ります。

しかし、「很」のこのような性質は、日本語の「たいへん、とても」の文法的性質を考えれば自然に理解できるところがあります。以下、そのことを順を追って見ていくことにしましょう。

ある性質について述べる際には、「絶対的な基準」にもとづいて述べる場合と「相対的な基準」にもとづいて述べる場合とがあります。例えば、「太郎は背が高い」は絶対的な基準にもとづく叙述ですが、「太郎は次郎より背が高い」のような比較構文は相対的な基準にもとづく叙述です。実際、後者の場合、「次郎と比較すると高い」というだけで、絶対的な基準からすると「低い」ということもありえます★。

次に、程度の副詞には、①比較構文で自然に使える（相対的な基準にもとづく叙述になじむ）ものと、②比較構文になじまないものがあります。「かなり、相当、少し、ずっと」は前者の例、「たいへん、とても、非常に」は後者の例です。

17 a　太郎は次郎よりかなり（相当、少し、ずっと）背が高い。
　b ？太郎は次郎よりたいへん（とても、非常に）背が高い。

このことは、「たいへん、とても、非常に」を含む文が基本的に絶対的な基準にもとづく叙述であることを示しています。このことはまた、次のような例からも確認できます。

★「太郎は次郎より背が高い。しかし、太郎自身は背が低い」は自然な文です。

18 a　太郎はかなり（相当）背が高いが、それでも、たいへん（非常に）背が高いとまではいえない。

b　*太郎はたいへん（非常に）背が高いが、それでも、かなり（相当）背が高いとまではいえない。

「たいへん（とても、非常に）〜」は「他と比較するまでもなく、文句なしに〜」という意味の文ですが、「かなり（相当）〜」を含む文には「他と比べると〜である方だ」という意味が含まれています。18 aでも、「相対的な基準からすれば太郎は背が高いといえるが、絶対的な基準からはそうとまではいえない」ということが述べられているわけです。「たいへん（とても、非常に）〜」と「かなり（相当）〜」については、前者の方が後者よりも程度が高いことを表すという説明がよくなされますが、実際は「程度の高低」よりももっと重大な違いがあるのです。

ここで中国語に目を転じましょう。実は、先のⅠの説明の直後に次のような説明があります。

Ⅱ　「很」をつけずに、形容詞を単独で述語に用いると、比較の意味が加わる。これは一般に対比の文の中でしか用いられない。

这间教室大、那间教室小。

（この教室は大きいが、あの教室は小さい）

我们班人多，你们班人少。
（私たちのクラスは人が多いが、君たちのクラスは少ない）

つまり、中国語では、形容詞を単独で用いた場合は基本的に相対的な基準にもとづく叙述になるというわけです★。このことと、「たいへん（とても、非常に）〜」がもっぱら絶対的な基準にもとづく叙述であることを考えあわせると、次のような見通しがたちます。

日本語では、形容詞を単独で用いるだけでも絶対的な基準にもとづく叙述になります。これに対し、中国語では、形容詞を単独で用いると基本的に相対的な基準にもとづく叙述になり、それを絶対的な基準にもとづく叙述にかえる（比較や対比のニュアンスを消す）ためには「たいへん、とても」にあたる絶対基準専用の副詞を加える必要がある、それが「弱く読む『很』」である、というわけです★。「弱く読む『很』」においては、「程度が高い」という意味が弱まり、「絶対的な基準にもとづく叙述」という意味が前面に出ているのです。

複数の言語を関連づけて考える

以上おこなったのは、結局のところ「日本語と外国語を関連づけて考える」という作業です。これは言語に関する理解を深める上でたいへん重要なことです。一つの言語だ

★「冬天冷」（冬は寒いものだ）、「乌鸦黑」（カラスは黒い）のように、物事の一般的な性質を述べる場合にも「很」はつきません（木村英樹（一九九六）『中国語はじめの一歩』、筑摩書房、一六八–一七二ページ）。これも「夏は暑いものだが、冬は…」、「他の鳥は黒くないが、カラスは…」のような対比の意味が背景にあると考えられます。

★相原茂ほか（一九八八）『中国語入門Q&A』（大修館書店）の一六〇–一六二ページにも、このような趣旨の説明があります。

け見ていてもわからないことが、複数の言語を比較することによっていろいろとわかってくるからです。外国語の文法書を読む時も、「このあたりは日本語ではどうか」、「日本語にもこれに類する現象はないか」といったことを考えながら読むと、一味違う読み方ができると思います。

もっとも、文法研究の世界では、一見これと逆のことがよく言われます。それは、「○○語には○○語の論理がある。よって、○○語の論理は○○語に即して考えるべきである」ということです。これは、例えば、英文法の枠組みを無批判に日本語の分析に適用すべきではないといったことを指しています。確かに、英語の文法の記述に役立つからといって、それが日本語でも同じように役立つという保証はどこにもありません。

しかし、「○○語の論理は○○語に即して考える」というのは、「○○語の文法について考える際に他の言語を視野に入れてはならない」ということではありません。○○語の論理について考えるためのヒントが他の言語の中に見出されるのであれば、それを生かさない手はありません。大切なのは、そのヒントが○○語の現象を理解する上でどのように役立つかを吟味することです。「○○語の論理は○○語に即して考える」というのもそういうことです。

本書の読者の多くは日本語に興味をお持ちの方々だと思いますが、ぜひ他の言語についても、いろいろ耳学問をしていただきたいと思います。また、外国語に興味をお持ちの方も、ぜひ日本語の文法についていろいろと耳学問をしていただきたいと思います。方言や古典語を含め、いろいろな言語を視野に入れ、その中で個々の言語の特徴をとらえることが、言語に対する理解を深める上で最も大切なことだからです。

章末問題

問1 自分の母方言と標準語を比較し、文法や意味に関する類似点と相違点をできるだけたくさんあげなさい。

問2 古典語の格助詞「の」には「同格」の用法があるといわれます。この「同格のノ」がどのような構造をつくるか、自分なりに考えなさい。

1 卯槌の木のよからむ切りておろせ。（枕草子）

（卯槌にする木で適当な（ものを）切っておろしてくれ）

（村上本二郎『文法中心 古典文解釈の公式（改訂新版）』、学研）

2 白き鳥の、嘴と脚と赤き、鴫の大きさなる、水の上に遊びつつ魚を食ふ。

（白い鳥で、くちばしと脚の赤い、ちょうど鴫の大きさのが、水面を泳ぎ回りながら、魚をとって食べている）（伊勢物語）

（鈴木一雄ほか編『三省堂全訳読解古語辞典』）

問3 中国語では、人に食事をすすめるときに〝多吃点儿。〟（〝多〟：多い、〝吃〟：食べる、〝点儿〟：少し）という言い方をします。なぜ一つの文の中に「多い」と「少し」がいっしょに出てくるのか、その理由を考えなさい。

問4 場所を表す中国語の「在～」は、動詞の前と後の両方に置ける場合と、動詞の前あるいは後にしか置けない場合とがあります。「在～」が動詞の前にくる場合と後にくる場合の意味の違いについて、対応する日本語の表現を参考にしながら自分なりに考えなさい。

1 在東京住。／住在東京。（住：住む）

2 在椅子上坐。／坐在椅子上。（坐：座る、椅子上：椅子（の上））

3 在東京工作。／*工作在東京（工作：働く）

4 水桶掉在井里。／*在井里掉水桶。（水桶：桶、掉：落ちる、井里：井戸（の中））

問5 英語の文法書から完了形（perfect）を用いた文を抜き出し、どのような日本語訳があてられているかを整理しなさい。また、その結果をふまえて、英語の完了形に最も近い働きを持つと見られる日本語の表現は何かを考えなさい。

さらに勉強したい人のための参考文献

『基礎日本語文法・改訂版』（益岡隆志・田窪行則著、一九九二年、くろしお出版、二三〇〇円）

日本語文法のポイントがコンパクトにまとめられています。

『初級を教える人のための日本語文法ハンドブック』（松岡弘監修、庵功雄他著、二〇〇〇年、スリーエーネットワーク、二二〇〇円）

『中上級を教える人のための日本語文法ハンドブック』（白川博之監修、庵功雄他著、二〇〇一年、スリーエーネットワーク、二四〇〇円）

「日本語研究と日本語教育の橋渡し」を合い言葉に、日本語記述文法研究の成果を包括的かつ体系的に整理した記述文法書です。

『現代言語学入門1　言語学の方法』（郡司隆男・坂本勉著、一九九九年、岩波書店、三二〇〇円）

科学的な言語研究を支える基本的な考え方がたいへん具体的に解説されています。

『新しい日本語学入門――ことばのしくみを考える――』（庵功雄著、二〇〇一年、スリーエーネットワーク、一八〇〇円）

『日本文法小事典』（井上和子編、一九八九年、大修館書店、二六〇〇円）

日本語文法研究の主要なトピックについて手際よく解説がなされています。

『**はじめての人の日本語文法**』（野田尚史著、一九九一年、くろしお出版、一二〇〇円）
トピックをしぼって、文法的な考え方が対話形式でていねいに解説されています。

『**ここからはじまる日本語文法**』（森山卓郎著、二〇〇〇年、ひつじ書房、一四〇〇円）
日本語文法研究で何が問題にされているかを幅広くみわたすことができます。

『**岩波講座言語の科学5　文法**』（益岡隆志他著、一九九七年、岩波書店、三八〇〇円）
日本語文法研究の基礎概念、ならびに日本語文法研究の研究史について、著者たちならではの解説がなされています。特に「4国文法」（金水敏著）は必読。

『**日本語の文法**』全四巻（岩波書店、各三四〇〇円）
1　文の骨格（仁田義雄他著、二〇〇〇年）
2　時・否定と取り立て（金水敏他著、二〇〇〇年）
3　モダリティ（森山卓郎他著、二〇〇〇年）
4　複文と談話（野田尚史他著、二〇〇二年）
それぞれのテーマについて、第一線の研究者が最新の研究成果をふまえた解説をおこなっています。

『**現代日本語文法入門**』（小池清治著、一九九七年、ちくま学芸文庫、一一〇〇円）（『**大学生のための日本文法**』、一九八七年、有精堂）

『日本語の文法』（北原保雄著、一九八一年、中央公論社、一八〇〇円）

『日本語概説』（渡辺実著、一九九六年、岩波書店、二二〇〇円）

「国産」の日本語文法研究の流れと現状について知ることができます。

『日本語の分析―生成文法の方法―』（柴谷方良著、一九七八年、大修館書店、二九〇〇円）

『言語の構造―理論と分析―意味・統語篇』（柴谷方良他著、一九八二年、くろしお出版、三〇〇〇円）

『情報数学セミナー 自然言語』（郡司隆男著、一九九四年、日本評論社、二九〇〇円）

『日英語対照による英語学演習シリーズ3 生成文法と比較統語論』（三原健一著、一九九八年、くろしお出版、二〇〇〇円）

『生成日本語学入門』（長谷川信子著、一九九九年、大修館書店、一八〇〇円）

An Introduction to Japanese Linguistics（Tsujimura, Natsuko 著、一九九六年、Blackwell）

生成文法的なアプローチによる日本語の分析の方法がわかりやすく解説されています。

『日本語史要説』（渡辺実著、一九九七年、岩波書店、二〇〇〇円）

『中国語はじめの一歩』（木村英樹著、一九九六年、ちくま新書、六六〇円）

『謎解き中国語文法』（相原茂著、一九九七年、講談社現代新書、六六〇円）

日本語の歴史、外国語の文法に関する名人芸的な解説。随所に（現代）日本語の文法について考えるためのヒントがあります。

「秋田方言の文法」（日高水穂著、秋田県教育委員会編『秋田のことば』所収、二〇〇〇年、無明舎出版（秋田市）、二八〇〇円）

方言の文法についてきめ細かな記述がなされています。

『命題の文法——日本語文法序説——』（益岡隆志著、一九八七年、くろしお出版、四五〇〇円）

『新日本語文法選書1「は」と「が」』（野田尚史著、一九九六年、くろしお出版、三〇〇〇円）

『現代日本語の文法I——「のだ」の意味と用法——』（田野村忠温著、一九九〇年、和泉書院、二七一八円）

日本語文法研究でしばしばとりあげられるトピックについて、たいへん見通しのよい記述がなされています。

『現代日本語の構造』（南不二男著、一九七四年、大修館書店、一五〇〇円）

日本語のさまざまな側面について、その「構造」が論じられています。

『日本語文法・形態論』（鈴木重幸著、一九七二年、むぎ書房、二三三〇円）

『日本語文法・連語論（資料編）』（言語学研究会篇、一九八三年、むぎ書房、七七六七円）

日本語の「語」の性質、名詞と動詞の結びつきについて包括的な記述がなされています。

『日本語のシンタクスと意味』全三巻（寺村秀夫著、一九八二・一九八四・一九九一年、くろしお出版、各二八〇〇円）

現代日本語の文法的特徴について鋭い観察がなされています。

【ま行】

【や・ら・わ行】

【た行】

【な行】

【は行】

【あ行】

【か行】

【さ行】

索　引

INDEX

シリーズ・日本語《にほんご》のしくみを探《さぐ》る ①

日本《にほん》語《ご》文法《ぶんぽう》のしくみ

2002 年 4 月 25 日　初版発行
2013 年 5 月 24 日　6 刷発行

編　者
町田　健

著　者
井上　優

発行者
関戸　雅男

発行所
株式会社　研　究　社
〒102-8152　東京都千代田区富士見 2-11-3
電話　営業 03-3288-7777（代）　編集 03-3288-7711（代）
振替 00150-9-26710
http://www.kenkyusha.co.jp/

KENKYUSHA
〈検印省略〉

印刷所
研究社印刷株式会社

ブックデザイン
寺澤彰二

本文レイアウト
古正佳緒里

ISBN 978-4-327-38301-5　C0081